KB090506

코스믹 오컬트

무동금강 無動金剛

5,200여 자의 금강경을 30회 이상 사경, 좌제도와 태장계 및 금강경 만다라 사경했다.
일반회로 수만 장 공부. 현재 무동금강이라는 명칭으로 카페 금강연화원 (https://cafe.naver.com/vajrapadme)를 운영하며 좌회원들과 같이 수행하고 있다.
저서로는 《무동 번뇌를 자르다》, 《밀교 명상의 법》, 《만다라 현현의 법》, 《다차원 우주의 영적 진실》, 《밀교 만다라의 서》, 《만다라 몸의 성취》 등이 있다.

코스믹 오컬트

'오컬트 비밀의 서'

무동금강 無動金剛

코스믹 오컬트

초판 1쇄 인쇄 2023년 08월 01일
초판 1쇄 발행 2023년 08월 24일
지은이 무동금강無動金剛

펴낸이 김양수
책임편집 이정은
교정 장하나

펴낸곳 도서출판 맑은샘
출판등록 제2012-000035
주소 경기도 고양시 일산서구 중앙로 1456(주엽동) 서현프라자 604호
전화 031) 906-5006
팩스 031) 906-5079
홈페이지 www.booksam.kr
블로그 http://blog.naver.com/okbook1234
이메일 okbook1234@naver.com

ISBN 979-11-5778-609-1 (03150)

|목차|

2장 카발라의 문 / 메타트론의 눈

3장 힌두의 문 / 시바의 눈

머리말

본서는 현대적으로 이해된 고대의 신비 체계 세 가지 부분을 실제 수행으로 할 수 있게 만든 책이다.

이집트 마법은 이집트라는 지역에서 숭앙되었던 신들과 관련된 체계이며, 카발라는 중동의 히브리인들의 전승 체계, 차크라 수행은 힌두 고래(古來)의 체계이다. 이 세 가지는 각자 연원이 다르나 우주적으로 봐서는 신의 눈이 각자 다른 지역과 시대를 조사(照射)한 것이다.

이집트 마법, 카발라, 힌두의 체계는 그 체계의 상징을 눈으로 표현하고 있다. 이집트 마법은 호루스의 눈으로 상징된다. 카발라는 메타트론을 비롯한 고위 천사들이 수많은 눈을 갖고 있다는 묘사가 있고 성경에서 아주 중요한 것을 눈동자처럼 여기라는 말씀도 있다. 힌두는 시바신의 제3의 눈이 시바의 중요한 상징으로 여긴다. 이 책의 표지는 세 개 수행 체계의 상징을 눈동자로 표현하여 근원의 빛이 이 세상에 뿌린 수행으로 이해하여 제작한 것이다.

'호루스의 눈' 파트는 이집트 마법이라 불리는 이집트 제신들과 관련된 소환법과 의례법을 다루고 있다. 고대 이집트와는 큰 관계가 없고 우주적 에너지를 특수한 작법으로 끌어와 이를 마법이라는 고정된 형태로 구현한 것이다.

'메타트론의 눈' 파트는 카발라 수행법을 현대적으로 재구성했다. 카발라는 실제적인 비의적 수행임에도 불구하고 그 비전적(祕典的) 특성 때문에 이론적인 측면에서 다뤄지는 경향이 있었다. 여기서 카발라장은 최소한의 이론 배경에 실제적인 수행법을 재구성하여 몸이 성소(聖所)이자 신이 임하는 자리인 성스러운 세피로트를 구현할 수 있도록 만들었다.

'시바의 눈' 파트는 차크라를 밀교적으로 이해하여 밀교의 존들로 드러내어 차크라 수행법에 대해 다룬다. 일반적인 차크라 수행법이 차크라를 열고, 닫고 관상하는 것에 집중하는 것과 다르게 차크라가 극미세 관념들이 에너지로 구현되어 있음을 설명하고, 구체적인 차크라의 모양, 주재신, 의미에 관해 설명해 놓았다. 차크라 수행법의 실제에 대해 상세하게 밝혀 놓았기에 실제적인 효과가 기대된다.

책을 출판하는 것에 많은 이들이 도움을 주었다. 여러 형태의 수행체계를 잡아가는 과정에서 동기를 수없이 부여해주신 차병철 선생님, 교정을 봐주시고 문맥을 쉽게 이해할 수 있도록 조언을 해주신 오현선 선생님, 책의 이미지를 제작하는 것에 지대한 도움을 주신 김동주 선생님께 특별한 감사를 드리고 싶다.

이 책에서 다루는 실전 체계에 따라 수행한다면 의식의 무한한 확장이 가능하다고 할 수 있다.

한 점 소급하는 별빛, 신의 눈동자에서 발한 그 희미한 빛이 지구에 내리쬐어 만개한 세 개의 문화인 '이집트 신비 체계', '카발라 체계', '힌두의 체계'들이 재해석 되어 세상에 드러나게 되었다.

독자들이 이 기연(奇緣)을 통해 의식의 확장이 되기를 소망한다.

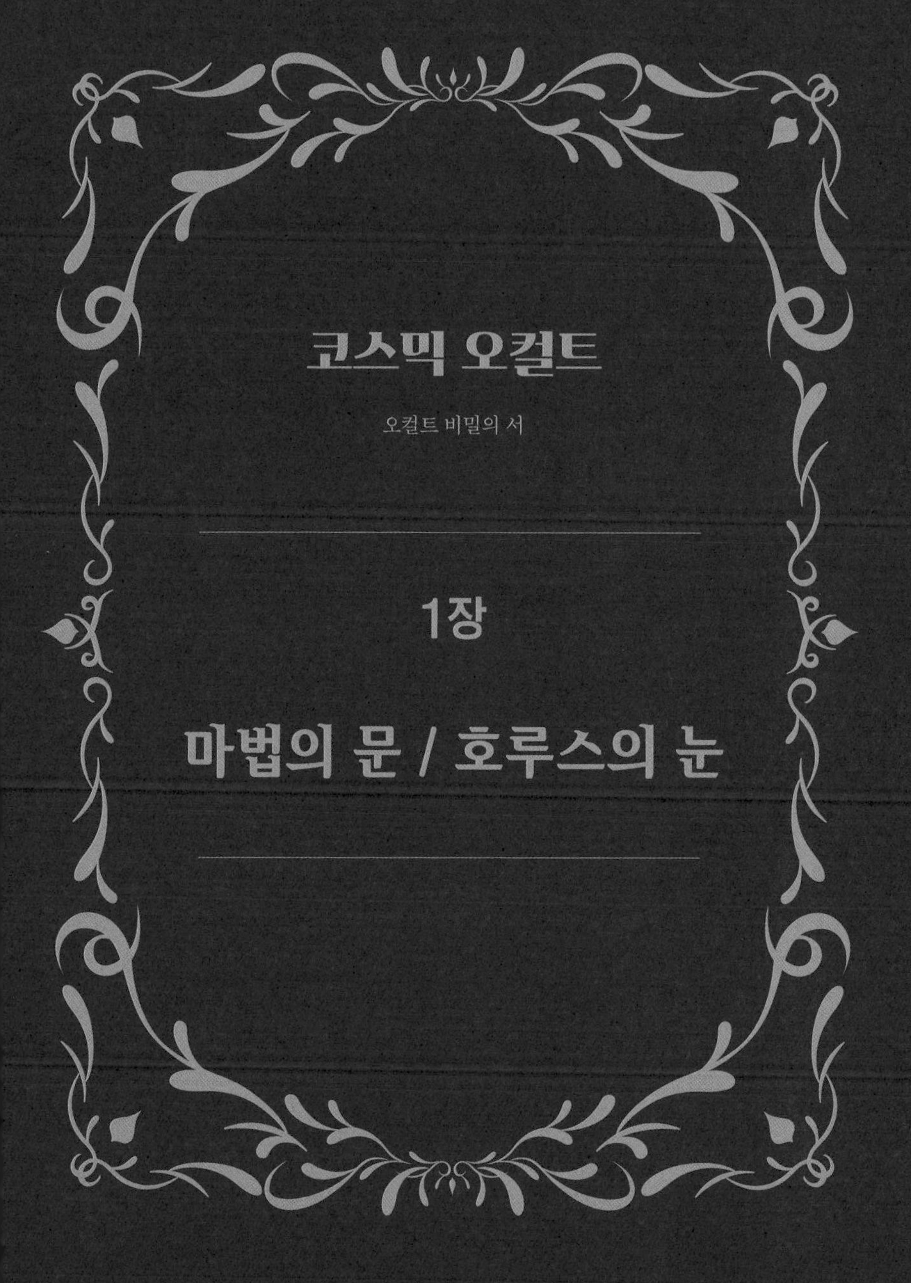

코스믹 오컬트

오컬트 비밀의 서

1장

마법의 문 / 호루스의 눈

이집트 마법은 이집트 민중들이 신에 대한 경배를 해왔고, 신관들이 신을 모시는 의례와 제식들에서 기원하였다. 이 책에서 다루는 내용은 서양 오컬트에서 진행되는 마법 체계와는 상관은 없으나 이들 이집트의 신들이 우주에서 기원했다는 내용을 기반으로 하여 이들 우주적 존재들이 지구에서 어떻게 그 마법 에너지를 투사할 수 있는지 그 체계를 살펴볼 것이다.

체계들은 모두 권능 부여의 의식이 필요하고 특수한 의식에 참석해야 하기 때문에 개인적으로 활용할 수 없지만, 해당 내용을 알기만 하여도 의식이 크게 확장될 것이라 본다.

01
우주의 구조와 근원자들의 존재

시간이 생성되기 전, 공간이 규정되기 전 음과 양이라는 대립점이 없고, 운동성과 운동성이 없는 것도 아닌 무극의 상태가 있었다. 이를 본태극이라 한다. 이 본태극이 운동성을 띄면서 세 개의 각각 다른 속성의 태극으로 분화되었다.

첫 번째 우주는 원으로 상징되는 근원의 상태 그대로 유지하려는 속성을 가진다. 대나무의 마디처럼 우주들이 그 안에 구분되어 있다. 첫 번째 우주는 3분의 근원자들로 이루어져 있다.

두 번째 우주는 사각형으로 상징되는 수축하는, 끝없이 붕괴하는 속성을 지닌다. 검은 호수 주변의 게들이 움직이는 것으로 상징화되었다. 두 번째 우주는 4분의 근원자들로 이루어져 있다.

세 번째 우주는 삼각형으로 상징되는 발전되는 형태의 '진화'가 숙명인 형태의 우주이다. 이 우주는 다섯 분의 근원자들로 이루어져 있다. 우리가 속환 우주가 이 세 번째 우주이다.

〈세 우주〉

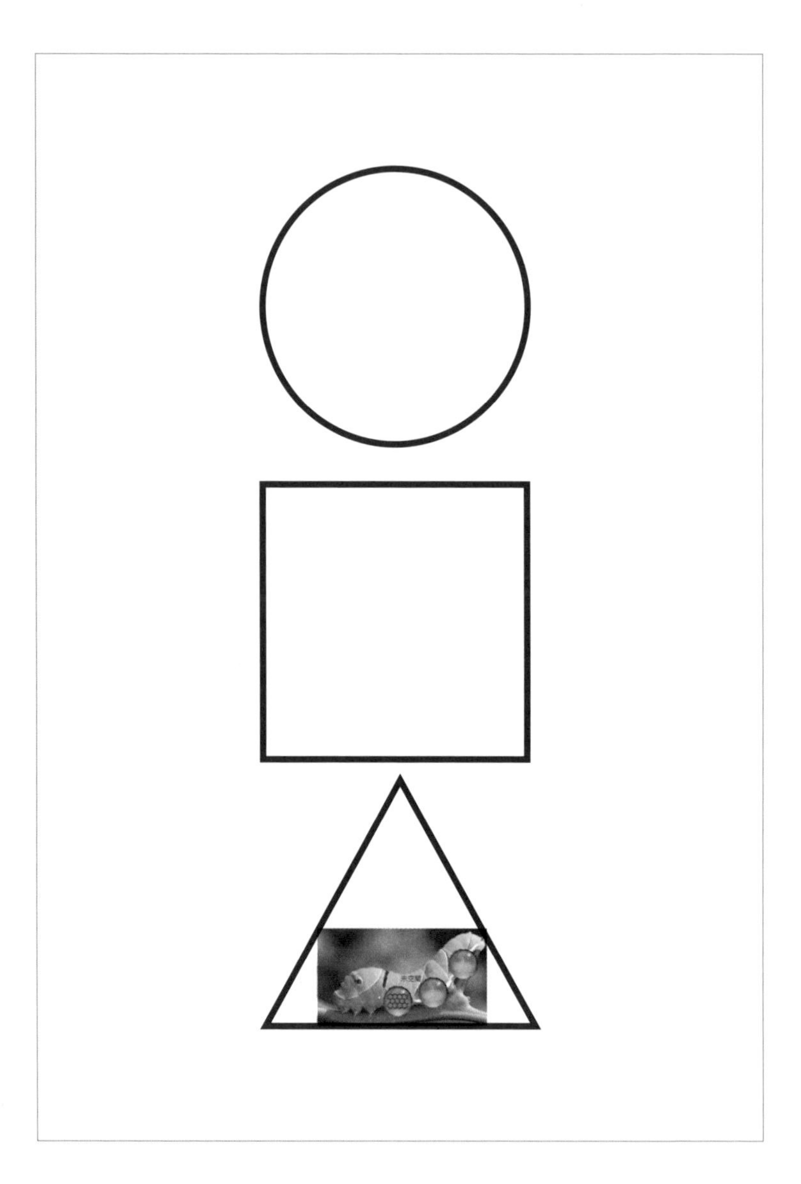

〈세 우주〉

다섯 분들은 우리 우주에 빛의 형태로 퍼져 있다. 근원자라고 부르면 자아를 가진 신으로 생각하기 쉬운데, 이 존재들은 우주의 구성 요소, 다섯 개의 다른 색을 가진 실이라서 인간적 자아를 갖고 있지 않다. 이 실을 통해 짜인 존재들이 희미하게나마 자아가 있는 고차원 존재와 자아가 선명히 드러난 대다수 존재이다.

다섯 개의 실들이 교차된 원단이 우주 자체인데 존재는 다섯 개의 실이 경우의 수에 따라 배합되어 짜인 것이다. 신의 몸에 새겨진 문양과도 같은 것이 존재인 것이다.

이 다섯 근원자들은 다음과 같은 색깔과 속성을 지닌다.

---

1. dark-blue consciousness of spear of absolute authority

짙은 남색의 근원자, 확장성을 성질로 하는 절대 권위의 창을 지닌 짙푸른 남색의 존재

2. mazenta mother consciousness

모성을 지닌 마젠타색의 근원자, 여성성을 강하게 띄는 근원자

3. turquoise blue conciousness of harmony

조화의 터키색의 근원자, 우주의 조화를 담당하는 분

4. unlimited golden consciousness

제한 없는 금색 광휘의 존재, 구현해내는 존재.

5. endless dark consciousness

끝없는 어둠의 존재, 침묵으로 우주를 감싸는 존재.

첫 번째 근원자는 이 우주의 확장성을 뜻하며, 두 번째 근원자는 이 우주의 양육, 모성, 수렴을 뜻하며, 세 번째 근원자는 확장성과 발전이 기본인 이 우주에 조화를 담당하며, 네 번째 근원자는 구현화시키는 능력으로 존재와 환경을 구체화시키며, 다섯 번째 근원자는 발전과 확장성을 침묵으로 수렴시켜 영속적인 발전을 꾀하는 역할을 담당한다. 이 침묵의 존재는 지구에서는 영성이라는 카테고리를 담당한다.

지구가 속한 우주는 다섯 근원자로 이루어진 세 번째 우주에 해당된다. 이 세 번째 우주의 모형은 애벌레 형태의 기어가는 모습으로 구현된다. 7개의 거대 우주들이 애벌레 허리에 있어 7개의 구슬이 수축과 확장을 반복하면서 마치 꿈틀거리며 가는 모습으로 연상하면 된다.

〈애벌레 우주〉

세 번째 우주의 7개의 구슬을 각각 초광역 우주라고 부른다. 7개의 구슬 사이의 공간을 미공간(未空間)이라 한다. 초광역 우주 1개의 구조는 다음과 같다.

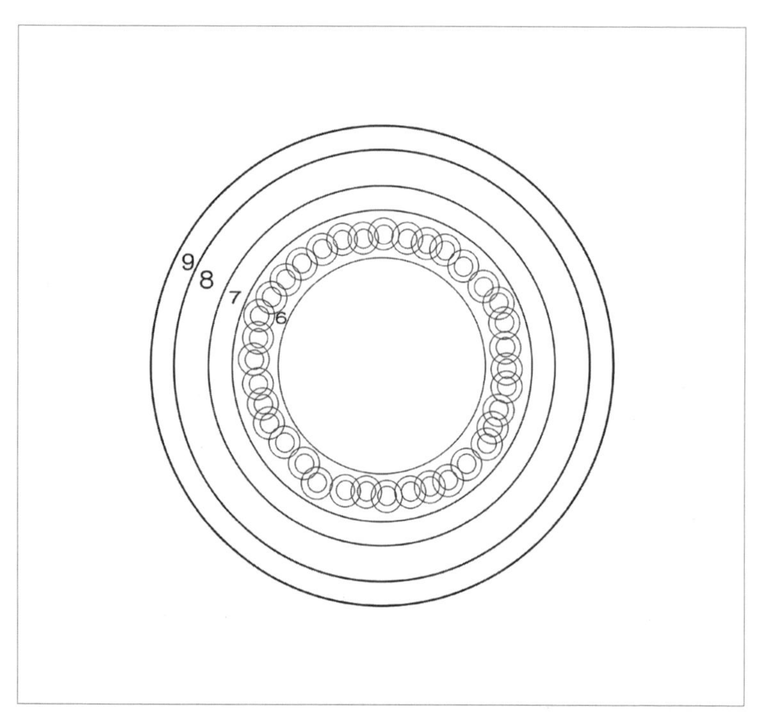

〈초광역 우주〉

위 그림은 이해를 위해 모델링화 한 것이기에 실제로 동심원 구조는 아니다. 위 구조에서는 바깥부터 9차원, 8차원, 7차원, 6차원으로 계속 차원을 낮춰 1차원까지 있다. 9차원은 실 한 종류나 2종류 된 원단처럼 몇 개의 영역장으로 이루어져 있다. 다섯 근원자 중 한 분이나 두 분으로 이루어진 존재들이다. 이들 초고차원 9차원(영성계에서는 차원을 13차원이나 그 이상으로 나눈 경우도 있으나 여기서는 10차원 무극을 보고 존재계로 9차원까지로 설정한다.) 존재들은 자아를 가진 존재라기보다는 자아가 펴져 있는 존재, 인간의 기준으로는 자아가 없는 것처럼 보인다. 8차원은 9차원 원단이 몇 개가 교차 되어 이루어진 직물처럼 보인다. 그러나 이 존재 역시 근원자의 코드 중 3분의 코드를 가진 분은 극소수에 해당된다.

7차원부터 존재 관념으로 존재가 활동하나 주로 우주적 흐름을 입어 활동하는 개별적 자아라서 인간의 자유의지 같은 것은 안 보인다. 우주적 의미의 행성 천사, 은하계 구역 관리자, 태양계 관리자, 대보살들이 활동한다.

6차원부터 인간적 욕구들이 있는데, 물질 우주의 개념이 여기서 시작된다. 영적 주파수를 높여서 은하계를 보면 지구에서 보는 은하계의 형태가 아니라는 것이다.

초광역 우주는 이렇게 환형태(디스크)의 차원 구조로 나뉘어 있는데, 6차원 우주의 디스크에는 다음과 같은 고리 모양이 관찰된다.

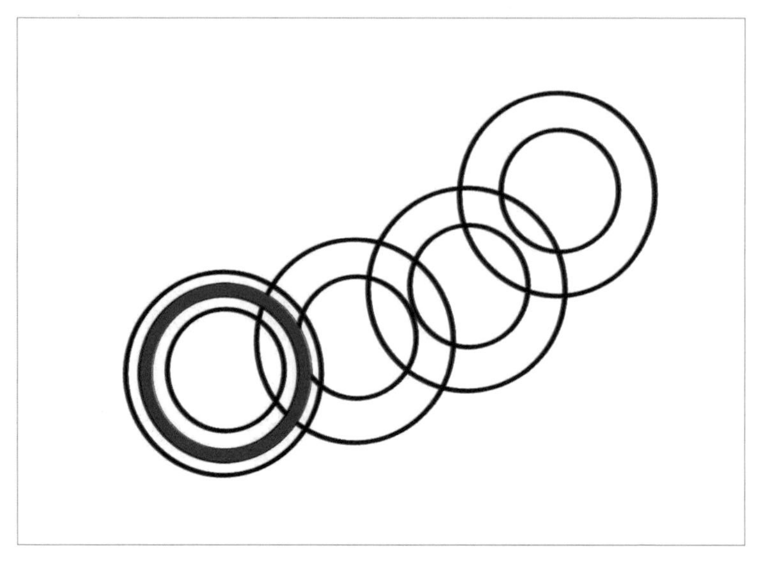

〈여러 개의 고리가 엮인 체인 우주〉

초광역 우주의 차원 디스크 중 6차원 우주의 여러 고리 중 한 개를 광역우주라고 칭하겠다.

이 고리 우주가 연결된 체인 우주 바로 옆의 다른 체인 우주를 '아(亞)우주'라고 부른다. 아우주의 존재는 옆의 우주와 주파수가 이질적이라서 초고도의 기술력이 아니면 게이트를 열 수 없다. 7차원계와 유사한 6차원 물질 과학으로 게이트를 열어 이동할 수 있다. 6차원 물질 과학의 극점에 도달해야 아우주로 갈 수 있다.

고리 우주 한 개를 보겠다. 광역 우주 한 개이다.

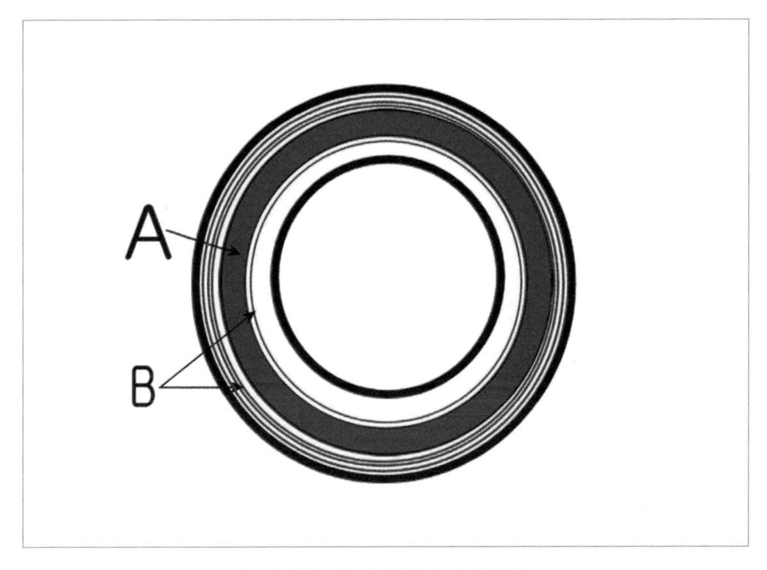

〈고리 우주 한 개 내의 여러 밀도층〉

A가 6차원계 우주 중 오리온 우주가 속한 밀도층의 우주이다. 이를 대우주라고 칭하겠다.

초광역우주(애벌레 구슬 중 하나)- 체인우주, 옆의 다른 체인의 광역우주를 아우주라고 한다- 체인 우주의 고리 한 개를 광역우주라 함 -대우주(광역 우주 한 개 안의 특정 밀도층의 디스크 한 개)

6차원 우주의 디스크 사이 수많은 밀도층으로 나눌 수 있는데, 이를 평행우주라고 한다. 평행우주는 유한의 원에 수많은 점을 찍을 수 있듯이, 유한적 우주에 무한의 가능성을 잉태하여 끝없는 확률의 무한 변조로 이루어지는 것이다. 광역 우주에서 A와 대비되는 수많은 B층의 존재들을 평행우주라 하겠다.

이 구조들은 모델이 2차원적 평면으로 이루어져 있지만, 6차원 우주의 체인 우주는 적어도 6개 이상의 체인이 엉켜 있어서 체인 디스크는 6중으로 꼬여 있다.

우주는 매우 복잡하게 이루어져 있으며, 지구인들의 무의식에 각인된 신의 관념은 우주에서 연원한 집단 무의식에 기반한 것이다. 따라서 이집트 신, 힌두의 신, 천사들은 이러한 우주론적 이해를 하고 나서 그 우주적 연원에 대해 파악하면 된다.

02
오리온 신계의 존재들

현재 오리온 성단은 별의 잔해로 이루어진 관측상 아름다운 성운이나 여기서 말하는 오리온 우주는 지구의 시공과는 전혀 다른 이질적 세계라고 보면 된다. 우리 시공간이 탄생되기 전 버전이라 보면 된다.

지구가 속한 태양계가 있듯이 오리온 우주는 여러 개의 태양계가 있었으며, 그 태양계마다 문명이 성숙되었다. 그중 일부가 고도의 문명을 구축하여 행성 간 여행이 가능했으며, 더욱 기술을 진보시켜 시공 게이트로 8개의 시공간을 묶어 오리온 제국을 이루어냈다.

이집트 신들은 이러한 오리온 우주에 기원했으며, 그들은 오리온 우주의 여러 항성계 중 라를 태양으로 하는 라 항성계의 신들이었다.

• 라 – 중심태양
• 마트 – 제 1행성 수성과 같은 느낌의 가장 작은 행성
• 웨프와웨트 – 제 2행성 생명 비거주
• 토트 – 제 3행성 거대 행성, 오시리스 행성에서 볼 때 일식을 일으키는 행성
• 아누비스 – 제 4행성, 세트 혜성에 의해 파괴된 행성, 잔해로서 소행성대를 이루고 있음
• 오시리스 – 제 5행성, 기후가 온화하여 생명이 거주하기 적합한 행성, 지적 생명체가 거주하는 곳, 오시리스의 위성은 네프티스
• 호루스 – 제 6행성, 생명 비거주의 행성, 위성 하토르에 오시리스인들의 식민지가 건설되어 있다.
• 이시스 – 제 7행성, 가스로 이루어진 목성과 비슷한 느낌의 거대 행성
• 세크메트 – 제 8행성, 원래는 없었던 행성이었으나 오시리스인들이 건설한 인공 행성. 만들어진 목적은 세트 혜성의 파괴적인 이동을 조절하기 위한 중력 조절용 행성임.
• 프타 – 제 9행성, 생명 비거주의 가스 행성
• 세트 – 라 태양계를 불규칙적, 궤도 불안정이 특징인 거대 혜성. 이 혜성이 들어올 때마다 라 태양계는 큰 격변을 맞이했는데 아누비스 행성이 이 세트에 의해 파괴되었다.

〈오리온 우주 내의 라 항성계〉

이들은 행성의 이름이기도 했으며, 각 행성의 신이었다. 오시리스에 거주했던 지적 생명체들에 의해 숭배받았던 별의 신이었다.

각 위치에서 이집트 신화에서의 신의 성격을 유추할 수 있다. 토트는 오시리스 행성의 입장에서는 일식을 일으키는 주재자였으니 태양의 지식을 통제 관리할 수 있는 별의 신으로 간주되었다.

아누비스는 세트 혜성에 의해 파괴된 행성이었다. 이후 이 별은 오시리스인들에게 죽음의 별로 인식되었다.

오시리스는 지구 이집트 신화에서 농업의 신으로 여겼는데 생명의 별이었으니 그 행성에서는 지적 생명체를 비롯한 생명이 번성할 수 있었다.

네프티스는 이집트 신화에서는 오시리스의 부인이라는 설이 있다. 이는 네프티스가 오시리스의 위성이라는 것에 연원한 것이다. 네프티스가 지구의 달처럼 오시리스 행성에 전반적인 영향을 많이 미쳤기에 그녀는 기후를 조정하는 신으로 숭배받았다.

호루스는 오시리스 다음 행성이긴 했으나 생명이 비거주의 행성이었다. 호루스의 위성인 하토르에 오시리스인들의 식민지가 건설되었다. 이집트 신화에서는 하토르가 호루스의 부인으로 되어 있다.

이시스는 지구 태양계의 목성과 같이 라 항성계 시스템에서 가장 큰 행성이었다. 거대 가스 행성이었으며, 질량이 부족하여 중심 태양 '라'가 되지 못한 제2의 행성이었다. 이시스는 라 태양계에서 가장 강력한 영향력(중력)을 지녔고, 오시리스인들에게도 그들 신화체계 내에서 제우스와 같은 지위에 있었다.

세크메트 행성은 그 궤도에는 원래 없었으나, 세트 혜성이 라 태양계에 괴멸적인 영향들(아누비스 행성의 파괴, 오시리스 행성의 여러 재난)을 미침에 따라 오시리스인들이 기술력의 힘으로 인공 행성 세크메트를 만들어낸 것이다.

인공 행성 세크메트는 그 질량과 중력 발생장치와 같은 기계로 혜성 세트의 궤도를 미세 조절하여 안정화시켰다.

프타흐 행성은 라 태양계의 가장 외곽에 있었으며, 오시리스인들에게 지구인들의 '토성'처럼 가장 느리고 가장 추운 별로 여겨졌다. 라 시스템의 가장 비밀한 지식을 가진 존재로 여겨졌다.

이처럼 지구의 이집트 신화 체계는 머나먼 과거의 이질적 시공간에 있었던 어느 태양계의 행성 체계를 가져온 것이며, 실제적인 행성의 신들이 지구로 온 것이다.

03

행성의 신들과 이집트 신화 속에서의 모습

■ 오그도아드와 눈

〈눈〉

누운 혹은 네운이라고도 한다. 이름의 의미는 '원시'. 그리고 고대 이집트 신화에 나오는 최초의 신이며, 그리스 로마 신화의 카오스처럼 혼돈 그 자체라고 할 수 있는 존재이자 카오스와 거의 동일하다고 한다. 우주가 창조되기 전의 혼돈의 상태를 일컫는 개념이며 헬리오폴리스 신화에서는 태양이 눈에 의하여 태어났다고 한다. 이집트 창조

신화(헬리오폴리스 버전)에 따르면, 아무것도 존재하지 않는 태초에 "누"라고 하는 혼돈의 바다가 있었고, 그곳에서 벤벤이라는 언덕이 솟아올랐다.

혼돈 속 진흙탕에서 네 마리의 뱀(암컷)과 네 마리의 개구리(수컷) 신이 탄생되었다. 이를 오그도아드라 하며 이 오그도아드 중 하나가 바로 눈. 개구리의 형상을 하고 있다. 혹은 파란색과 초록색의 피부를 지닌 남성과 여성의 경계가 불명확한 상태의 모습으로 묘사되는, 즉 여성도 남성도 아닌 모습으로 묘사되기도 하며, 나우넷이라고 하는 여성형이 존재한다고 한다. 눈의 배우자, 즉 아내는 네이트이지만, 오그도아드 사상에 의하여 누의 여성형이라 할 수 있는 나우넷을 아내로서 독립된 여신으로 표현하기도 한다고 한다.

눈을 제외한 나머지 오그도아드는 뱀의 형상을 하고 눈과 결합한 여신 '나우네트(물)', 그리고 눈과 같은 개구리 모습을 한 세 남신 '후우', '니아우', 그리고 '쿠크'이며 이들은 각각 '하우헤트', '니아우트', '카우케트'라는 나우네트와 마찬가지로 뱀의 모습을 한 여신들과 결합하였다. 눈이 대지를 창조하고 여덟 신들이 알을 낳았는데 거기에서 태양이 탄생했다. 알들은 헬리오폴리스의 신화에 나온 바에 의하면은 원초적인 물인 눈에서 알이 태어나는 것과 동시에, 태양이 생겨나고 만물이 창조됨으로서 팔신일좌의 신의 아버지가 되었다고 한다. – 나무

위키 '눈' –

위의 내용은 지구에서의 이집트 창세신화를 인용하여 가져온 것이고, 오리온 우주에서는 이에 해당되는 창세신화가 다음과 같이 전해진다.

근원의식들 중 두 번째 근원자인 질료의 어머니, 네 번째 근원자 금색의 구현자, 다섯 번째 근원자 침묵의 존재, 이렇게 세 분이 오리온 우주의 창조자를 탄생시켰다. 삼신일좌(三神一座)의 주(主)인 헵테케카누스는 자신의 이원성을 분리하여 남성형 헵테케카무스와 여성형 헵테케카리아를 창조한다. 이 두 존재는 자신의 유전자를 혼합하여 헵테케카누스(최초의 창조자와 이름이 같다. 헵테케카누스는 최초의 시원자라는 뜻이 있다.) 8명을 창조하여 오리온 우주 8개의 공간에 시원자를 파견한다.

자리를 잡은 시원자들은 세피로트의 '케테르'가 되어 자신들의 우주에 신성계(의지)–창조계(설계)–형성계(에너지)–물질계(물질)의 우주를 4중 창조하여 물질계까지 완전히 현현한다.

다음은 이집트 신화의 다른 버전이다.

태초의 세계는 혼돈의 바다 그 자체였다. 오랜 시간이 흘러 육지가 모습을 드러냈고 바닷속에서 한 아름다운 소년이 나타났다. 그의 이름은 라, 태양신이었다. 라는 스스로 혼돈의 바다에서 나타나 육지로 올라갔고 오랜 시간이 지나며 외로움을 느껴 침을 튀겨 두 아이를 만들어냈다. 이들은 남매지간으로 오빠는 슈, 여동생은 테프누트로 슈는 공기의 신, 테프누트는 습기의 여신이었다.

두 아이는 자라서 청소년이 되었다. 그러던 어느 날, 그들은 육지를 거닐다 실수로 혼돈의 바다에 빠지고 말았다. 라는 깜짝 놀라 자신의 눈을 제물로 바쳐서 신 하토르를 만들고 아이를 찾으라는 명령을 내렸다. 아이들을 구해낸 뒤 라는 기뻐하면서 눈물을 흘렸는데 이 눈물에서 사람들이 나타났다.

슈와 테프누트는 어른이 되어 결혼했다. 이후 테프누트는 슈의 두 아이를 출산했는데 이들도 부모와 마찬가지로 남매였다. 오빠 게브는 대지의 신, 여동생 누트는 하늘의 신이었다. 라는 생명체들이 살 공간을 만들기 위해서 두 사람에게 절대로 가까이 있어서는 안 된다고 당부하였다. 슈에게는 두 사람을 지탱해달라고 당부했고 슈는 그 임무를 충실히 이행했다.

하지만 서로 사랑하는 사이였던 게브와 누트는 라의 눈을 피해 남몰래 사랑을 나누었으나 이를 알게 된 라가 자신의 허락 없이는 아이를 낳을 수 없도록 제약을 걸었다. 마침 이를 지켜보던 지혜로운 대마법사인 토트란 원로신이 딱한 사정을 듣고 라에게 간청하여 시간을 벌기로 했다. 라는 매몰차게 거절했으나 토트가 닷새만이라도 달라고 사정하자 달의 신 콘수를 불러 내기하자고 한다. 콘수는 내기에서 진 뒤 기존의 시간에서 5일을 더 주기로 하였다.

토트는 이 기쁜 소식을 두 사람에게 전해주었고 두 사람은 더해진 닷새 동안 네 아이를 낳았다. 이들이 바로 헬리오폴리스의 대표자인 첫째인 장남 오시리스, 둘째인 장녀 이시스, 셋째인 차남 세트, 막내딸인 차녀 네프티스이다.

– 나무위키 '이집트 신화' –

이 신화에서는 라 – 슈(오빠, 공기의 신) / 테프누트(여동생, 습기의 여신) – 게브(오빠, 대지의 신) / 누트(여동생, 하늘의 신) – 오시리스, 이시스, 세트, 네프티스 신들의 계보가 있다. 4번에 걸친 창조행위가 4세대의 신들의 계보와 같은 것이며, 이는 세피로트의 4중 창조를 지구인들이 이해한 내용이다.

시공간 너머의 다른 우주에서 시원한 신화가 수많은 세대를 거쳐 인간들의 왜곡이 더해져 많은 부분이 달라졌으나, 그 면면을 상세히 보면 우주적 신화 체계의 단면을 볼 수 있다.

■ 태양신 라

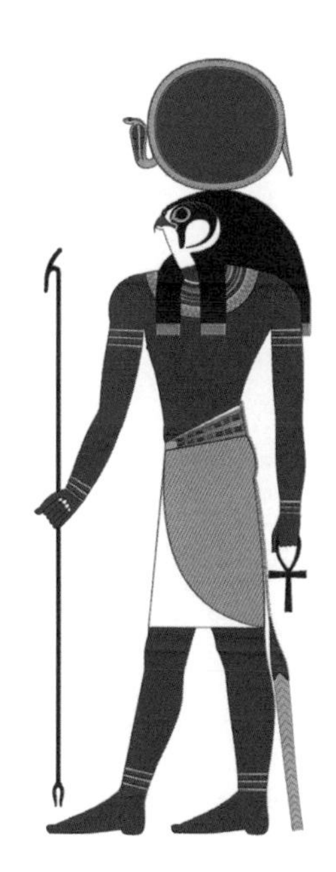

〈태양신 라〉

이집트 신화의 최고신이자 모든 우주(세계)를 창조해 내는 것과 동시에 관장하고 지배하는 가장 위대하고 강력한 힘을 지닌 전지전능한 신 중의 신이자 우주의 기원신이고 우주의 영혼이자 체현에 해당되는

신이다.

고대 이집트를 다스렸던 파라오들은 이 태양신 라의 현신 혹은 라의 아들로 여겨졌다. 라 본인 또한 인간으로 현신한 최초의 파라오이며 후대 파라오들의 상징으로 다뤄진다.

라가 하늘을 건너는 배에 올라타 하늘을 일주한 뒤 밤에는 지하세계를 통과하게 되는데, 12시간으로 나뉘어진 밤의 제 7시에 아포피스라는 독사신으로부터 공격을 당한다. 이집트 사람들은 라와 아포피스가 싸울 때를 낮이라고 생각한다. 아포피스는 마지막에는 늘 라(혹은 호루스 신)에 의해 퇴치된다.

- 나무위키 라(이집트 신화) -

위는 지구 이집트 신화에서의 라에 대한 설명이다. 태양신 라는 오리온 우주의 라 항성계의 항성신이다. 지구에서의 신화와 동일한 신격이나, 광대한 오리온 우주에 거주했던 여러 종족에게 '라'는 라 항성계의 주신이었을 뿐이다.

■ 프타호

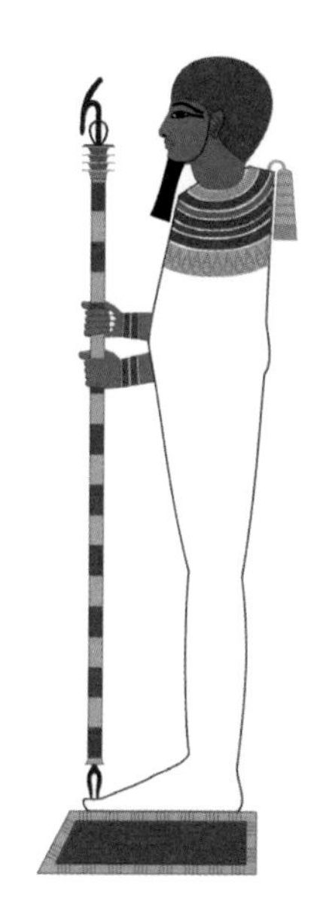

〈프타호〉

프타호는 고대 이집트 신화에서는 창조신이자 예술과 풍요의 신이다. 모든 것들을 만들고 신들을 존재케 한 만물의 창조자이고 그 어떠한 신들보다도 맨 먼저 존재했던 가장 오래된 존재이자 신이다. 어떠한 경로로 태어난 것이 아닌 스스로 존재하며, 심장과 혀로 자기 자신을 드러내는 신이라고 한다. 그와 동시에 이집트 수도 멤피스를 지배한 최고의 신이며, 미라가 된 남자의 모습으로 표현된다.

이집트의 신들 가운데 아문과 라에 이어 제3위의 신으로 숭배받았으며, 창조 안에 존재하고 자신(프타)이 원하는 모든 것을 명령하고 지시한다고 한다. 멤피스 창조 신화에서 프타가 우주를 창조할 때, 먼저 우주의 개념을 생각해내는 것과 동시에 이를 명령하는 것으로써 우주를 형성해내었다고 한다.

장인과 예술가의 보호신이자 모든 기술의 위대한 발명가이자 수공예 장인들의 후원자이다.

– 나무위키 '프타' –

프타흐 행성은 라 태양계의 가장 외곽에 있던 행성으로 음습한 자, 비밀의 지식을 보유한 자, 냉엄한 질서의 신과 같은 이미지로 오시리스인들에게 다가왔다. 마치 점성학에서의 토성의 이미지와 닮았던 행성이었다.

오리온 우주에서는 라 태양계와 같은 항성계들이 여러 개가 있었고, 항성계 기준이 아닌 시공간의 주파수에 따라 여덟 개의 제국으로 이루어졌는데, 다른 제국에서도 이시스와 프타흐는 많이 숭배받았다. 이시스는 유전공학의 신으로 프타흐는 메카닉 계열의 모든 존재를 창조하는 신으로 숭배받았다.

지구에서는 단순히 기예의 신, 장인들의 신으로 모셔졌지만, 실은 우주적으로는 탈리스만, 마법진, 인공생명체의 기술을 가진 존재로 여겨진 것이다.

그리하여 지구에서 그의 권능은 '탈리스만', 기운을 조절하는

'마법진', 도구로서 행하는 모든 정교한 마법의 권능자의 힘으로 표출되었다.

■ **토트**

〈토트〉

이집트 신화에 나오는 지식과 기록은 물론, 우주에 존재하는 모든 지혜와 지식에 통달한 신이자, 마법과 기록, 정의의 신이기도 하며, 언어와 글을 발명해내었기에 달리 서기와 통역, 그리고 언어와 글을 관장하는 신으로 여겨지는 것은 물론, 우주의 조화신으로 여겨진다. 그

밖에도 달 · 과학 · 시간 등의 신이자 치유의 권능도 가졌던 신격이기 도 하다.

이집트 신화 속에서 토트는 거의 모든 싸움에 등장하는데, 일종의 중재자 역할이다. 질서를 상징하는 신과 혼돈을 상징하는 신이 싸울 경우 한쪽이 일방적으로 지고 있을 때 그쪽 편을 들어주는 경향이 강하다. 그는 세 번의 전쟁을 지켜보았는데 첫 번째 싸움이 라와 아펩 간의 싸움이고, 두 번째 싸움은 대호루스와 세트 간의 싸움, 세 번째 싸움이 호루스와 세트 간의 싸움이었다.

– 나무위키 '토트' –

토트는 서기, 지식의 보관자, 마법사라고도 하나, 항성계마다 있는 특정한 역할을 지닌 행성신에게 부여되는 칭호이다. 항성계마다 항성계에서 벌어지는 모든 일들이 기록되는 아카식 디스크가 있는데 태양계의 오르트 구름이 이 역할을 한다. 인체에 인체의 오라장이 신체 주변에 넓게 퍼져 있듯이 태양계 자체도 오라장이 있으며 이것이 물질적으로 드러난 것이 오르트 구름이다.

이집트 신들을 모셨던 오시리스 행성의 지적 생명체들은 그들이 과학기술이 발전하기 전까지는 일식을 일으켰던 제3행성을 태양의 비밀을 아는 자로 여겨 '토트'라고 했으나, 과학기술이 발전하여 항성계를 벗어날 수준이 되자, 그들 태양계의 오르트 구름을 토트로 여기기도 하였다. 오시리스인들의 인식에서는 모든 태양계에는 토트가 있다고 믿었던 것이다.

■ 아누비스

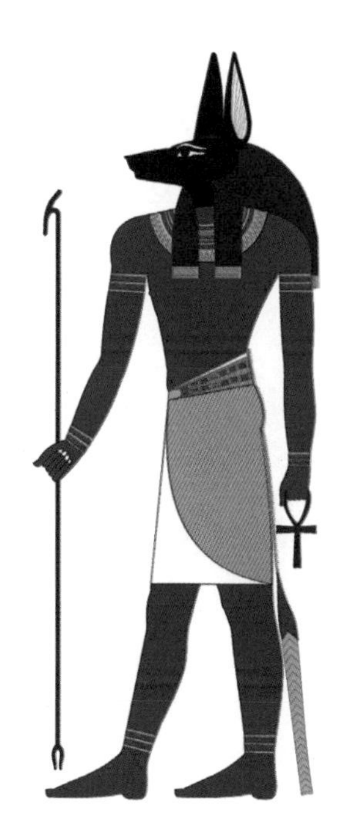

〈아누비스〉

전승에 따라 다르지만 초기에는 라의 아들로 여겨지다가 후대에 가면 보통 세트와 네프티스, 또는 오시리스와 네프티스 사이에서 태어났다고 여겼다. 전승마다 아버지가 달라지는 경우는 있으나 어머니는 네프티스란 점은 달라지지 않는다.

오시리스가 죽었다가 다시 부활했을 때, 그의 유해를 수습해 최초로 미이라로 만들었다고 전해진다. 그 뒤 아누비스가 맡은 일은 오시리스가 있는 저승에서 죽은 자의 영혼을 심판하는 것이다. 자신이 가지고 있는 진실의 날개와 죽은 자의 심장의 무게(이집트인들은 인간의 혼이 심장에 머무른다고 여겼다)를 천칭으로 비교하여 죽은 자의 혼이 깨끗한지 더러운지의 여부를 판가름한다. 이때 더러운 혼으로 가득한 심장은 아래로 떨어져 거대한 괴수인 암무트에게 먹힌다. 이와 같은 역할 때문에 사자의 서에 실린 삽화를 보면 거의 항상 심장의 무게를 재고 있는 모습으로 나온다.

– 나무위키 '아누비스' –

아누비스는 라 항성계의 제 4행성이다. 세트 혜성이 이동하면서 파괴하여 소행성 잔해가 되었던 행성이었다. 이전부터 있었던 별이 갑자기 소멸되자 오시리스인들은 이 별을 죽음의 별로 이해하였다.

아누비스의 잔해들은 라 태양과 주변의 행성들에 포획되기도 했고, 세트의 일부가 되기도 하였다. 그래서 아누비스의 기원이 라의 아들이기도 하고, 오시리스나 세트의 아들이기도 한 것이다.

아누비스 행성의 파편들이 여러 행성의 일부가 되었던 사실에서 그가 지구에서 이시스의 편이기도 했고, 세트의 편이기도 했던 이중 스파이로서의 활동이 이해된다.

아누비스는 지구 영계에 입식한 라 항성계의 신들이 윤회할 수 있도록 지구 영계에 소규모의 영계를 만들었는데 이것이 아누비스의 우주적 권능인 '격리 마법' '공간 마법'의 뿌리가 된다.

■ 이시스

〈이시스〉

오시리스의 여동생이자 아내이며 호루스의 어머니. 착한 여동생이자 헌신적인 아내이며, 자애로운 어머니이자 뛰어난 마법사이다. 이시스

라는 이름은 왕좌를 의미하며, 머리 위의 상징물도 왕좌 모양이다. 이는 파라오의 권력과 힘을 상징하는 것이기도 하다.

이시스는 호루스를 탐탁지 않게 여기던 라를 견제하기 위해 라가 뱉은 침으로 독사를 만들어 라를 물게 하고, 뱀독으로 고통받는 라를 협박해 삼라만상의 진리를 담은 그의 숨겨진 이름을 알아내어 호루스에게 가르쳐줬다고 한다. 이것이 뜻하는 바는, 이시스는 태양신 라의 이름과 그 힘을 빼앗을 정도로 막강한 힘을 지닌 여신이었으며, 태양신 라의 힘을 빼앗은 후부터는 안 그래도 막강했던 힘이 더더욱 강해졌음을 뜻한다. 이 때문에, 태양신 라는 세상을 지배하고 다스리는 자신(라)의 숨겨진 이름의 힘을 잃게 되고, 이시스와 오시리스가 세계를 다스리게 되었다고도 한다.

– 나무위키 '이시스'–

이시스는 라 태양계의 7 행성이었으며 거대 행성이었다. 형성 시기에 조금 더 질량을 모아 태어났다면 라와 쌍성계를 이룰 수 있을 정도로 거대한 행성이었다. 오리온 라 태양계의 모든 행성 신들은 다른 모든 별의 신들이 그러하듯 조화와 질서의 존재였다. 그러나 지구에 오면서 인간의 오욕칠정이 묻어 그들은 그들의 직분과 인간의 감정을 혼동하여 여러 가지 일을 일으키게 되었다.

원래대로라면 이시스는 라 태양계 외곽에서 생명이 거주하는 녹색의 행성 오시리스를 향해 돌진하는 여러 소행성, 혜성들을 거대한 중력장으로 컨트롤하는 역할을 하였으나, 지구에 오면서 쌍성계로서 발돋움하지 못한 콤플렉스가 있어 라의 힘을 가로채고, 오시리스의 지위를 얻고자 하였다.

지구 이집트 신화에서와 가장 성격이 다른 신이다. 그녀는 남편에 대한 헌신적인 여성, 아들에 대해 모성이 강한 어머니로 알려져 있으나, 실제로는 세트가 오시리스를 살해하도록 방조했으며, 세트가 폭주하자 이를 막기 위해 호루스를 소환해냈다. 그리고 세트와 같이 제어 불가능한 신에게 권좌를 주지 않기 위해 새로 소환하는 호루스에게는 제어키 역할을 하는 하토르까지 같이 소환하는 치밀한 여신이었다.

이시스는 유전공학의 신으로 오리온 우주 곳곳에서 모셔졌다. 그녀는 유전공학의 신으로 유전자까지 치유하는 마법력을 가졌다. 그녀가 지구 아스트랄계에 왔을 때 그녀는 크리쳐(creature, 소환으로 생성된 존재)를 창조하고, 이계의 존재에 생명을 입혀 사역시키는 소환의 대가였다. 그녀의 우주적 권능은 깊은 단계의 치유와 영적 존재를 사역시키는 권능이다.

■ 오시리스

〈오시리스〉

오시리스는 이집트 신화에서 중요한 위치를 차지하고 있는 신으로 한때 이집트와 세계를 지배하고 다스리던 신왕(神王)이었다. 오시리스, 이시스, 세트, 네프티스 이렇게 4남매 중 맏형으로, 여동생인 이시스를 아내로 맞이하고 이집트의 왕이자 신으로서 군림해 사람들의 절대적인 지지를 받았으며, 오시리스가 세계를 다스릴 때가 바로 황금기였다고 한다.

생성, 발육 등 풍요와 생산력, 곡식, 하계, 강, 문명 및 문명의 전파를 관장하는 존재이며, 미래와 정의를 표현하며 인간의 도덕성과 영원, 운명을 결정하는 심판자인 것은 물론, 생명과 죽음, 내세, 부활, 재생, 농업, 축목을 관장하는 신이자 식물의 순환 주기를 상징하는 등 자연을 관장하는 신이었다.

- 나무위키 '오시리스' -

오시리스는 라 태양계의 제 5행성이었다. 기후가 온화하여 생명이 자랄 수 있는 행성이었으며, 지적 생명체까지 진화를 이루어낸 라 태양계의 유일한 행성이었다. 지구가 푸른색의 별로 여겨지듯 오시리스 행성은 녹색 별로 여겨질 정도로 정글이 무성한 별이었다. 오시리스에는 지적 존재가 거주할 수 있었기에 라 태양계에서 특별한 지위의 신이었고, 지구에 오시리스가 도착하자 그는 신왕으로 추대되었다. 라 태양계에서 생명을 양육하고 보호했던 데이터가 있었기에 그는 그의 데이터를 사용해서 거푸집 시스템을 만들었다.

신들은 그의 데이터를 통해서만이 만들 수 있었던 인간 유사체(오시리스 거푸집으로 만든 존재)를 입고 활동할 수 있었다. 그것이 그가 지구에서 신왕으로 추대되었던 가장 큰 이유였다.

■ 세트

〈세트 사진〉

이름은 이집트 상형문자로 swtẖ이며 세트, 셋, 세테슈, 수테흐 등으로 번역된다. 이름의 뜻이나 기원은 불명확하다. 고대 이집트인의 기록에서 추정컨대 '혼란을 부추기는 자', '황폐하게 하는 자', '주정꾼' 중 하나일 가능성이 크지만, 이 또한 확실하진 않다. 고대 이집트에서 널리 숭상되었다. 사막과 이방인의 신이자 모래바람을 일으키는 신으로 통했다.

신화 전반에 걸쳐서 그에게 붙는 가장 일반적인 수식어는 '가장 위대한 강력함'이다. 이러한 수식어와 신화 전반에 나타나는 묘사로 알 수 있듯이 매우 강력한 힘을 지닌 전쟁의 신으로 태양신 라가 암흑의 땅을 통과할 때 암흑과 혼돈을 상징하는 뱀 아포피스를 물리쳐 태양신 라를 지키는 역할을 맡았다.

오시리스의 형제신이며, 오시리스를 시기하여 살해했으며, 그의 아들 호루스와의 오랜 전쟁을 했던 이야기는 유명하다.

- 나무위키 '세트' -

세트는 오리온 라 항성계를 지나가는 혜성이었다. 궤도가 불안정하여 라 항성계에 여러 천재지변을 일으켰던 거대 혜성이었다. 아누비스 행성의 파괴로 라 항성계에 지대한 타격을 입힌다. 아누비스 행성의 파괴로 인해 오시리스인들은 하늘의 재난을 목격했을 뿐만 아니라, 오시리스 행성의 궤도와 자전축과 같은 부분에도 영향을 미쳐 거대 지진과 거대한 허리케인과 같은 재난을 겪었던 것이다.

세트의 행성신으로서의 모습은 팔두룡(八頭龍)인 포악한 신이다. 그는 신들이 이집트 지역에 강림했을 때 그 당시 지구에 있었던 다른 외계 존재들이 이집트 지역을 침범하지 못하게 수호하는 존재로서 초대되었다. 그래서 그는 이집트 중심지에 거주하지 않았으며 외곽에 배치되었다.

이시스가 오시리스 살해에 세트를 이용했었고, 세트가 적당한 수준에서 만족하지 않자 이시스는 세트와의 전쟁을 벌였다. 세트는 모든 마법진을 찢는 자로서 이시스가 소환한 거대한 괴수들을 이겼고, 프타흐의 마법력으로 장치한 억제 마법진, 파괴 마법진을 비롯한 모든 마법을 찢었다.

그를 이기기 위해 이시스는 호루스를 소환하였고, 호루스의 제어장치로서 하토르드도 소환하게 된다.

세트의 지구에서의 권능은 모든 저주 마법을 찢는 자, 마법진을 파괴하는 자로서 마법의 영향력을 약하게 만드는 것과 관련이 있다.

■ 호루스

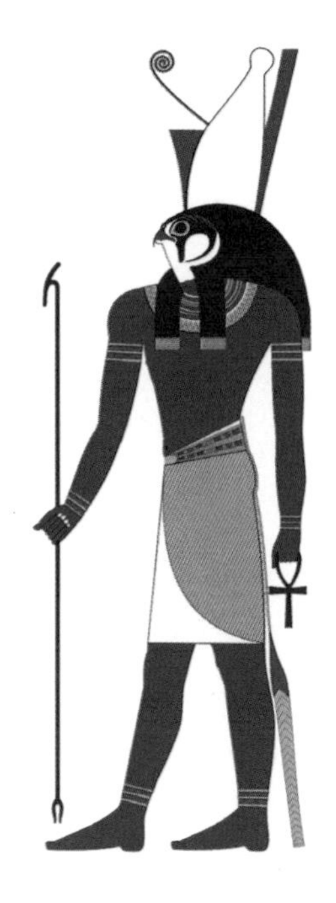

〈호루스〉

이집트의 신. 오시리스와 이시스의 아들이자 라처럼 태양의 신이자 곧 하늘, 수호, 복수의 신이자, 태양과 하늘의 화신으로 여겨진 것은 물론, 모든 자연물과 동일시한 신의 상징물이라고 할 수가 있다고 한다. 오시리스가 동생 세트에게 살해당하자, 오시리스의 여동생이자 부인인 이시스가 자매 네프티스와 함께 이집트 전역을 돌아다니면서 오시리스의 유해를 모아 그를 살려내었고, 잠시 부활한 오시리스와 관계

하여 호루스를 낳았다. 어린 시절에는 마법에 능통한 어머니 이시스와 이모 네프티스, 기록의 신 토트, 전갈 여신 셀케트(Selket)의 아들들의 비호를 받아 자랐고, 장성하여 세트 신과 대결, 종국에는 승리하여 이집트의 왕이 된다.

– 나무위키 '호루스' –

이시스는 오시리스 살해의 도구로 이용한 세트가 제어되지 않자, 결국에는 호루스를 소환한다. 호루스가 초대될 때 모든 신들의 권능을 조금씩 심어주면서 오시리스 거푸집에서 완전한 존재 호루스를 구현해내었다. 그를 통제하기 위해 위성신 하토르도 소환하였다.

호루스는 모든 신들의 권능을 모자이크처럼 교묘하게 엮은 특수한 체(오시리스 거푸집으로 구현)를 몸으로 하였기에 그는 태양신의 권능을 지닌 자, 라의 상속자와 같은 취급을 받았다. 신의 권능을 온전히 구현될 수 있게 특수한 채로 제작된 몸을 가졌기에 이에 대한 은유적 표현이 조각난 눈을 모아 재구성한 '호루스의 눈'으로 내려오는 것이다.

그의 마법적 권능은 조화를 깨트린 것에 대한 응징과 바로잡음, 질서를 원복시키는 마법(회복 마법, 승진, 오라장 정렬), 위해로부터 보호하는 마법이다.

■ 네프티스

〈네프티스〉

이름의 의미는 '신전의 여주인' 정도로 해석할 수 있으며 그만큼 종교적 의식과 관계가 깊다. 피라미드 텍스트에 의하면 죽음을 담당하는 선한 신으로, 미라를 만드는 일과도 관련되어 있다.

언니인 이시스와 매우 닮았다고 하기도 하는데 이 때문에 오시리스도 자기 아내와 헷갈렸다는 전승도 있다.

네프티스는 세트가 오시리스를 살해했을 때 언니 이시스와 함께 오시리스 부활 의식을 거행했다. 또한 호루스의 유모로서 그를 돌봐주었다. -나무위키 '네프티스' -

네프티스는 오시리스 행성에서 지구의 달과 같은 역할을 했던 위성이었다. 달처럼 오시리스 행성에 여러 영향을 끼쳤다. 달이 지구의 조석과 생명의 생체시계와 연관이 있듯이 네프티스는 오시리스의 조석 현상에도 영향을 미치면서 생명의 진화에도 잔잔한 영향을 미쳤다. 그녀가 플레이아데스 행성을 거칠 때는 플레이아데스의 기후 조절을 담당했었다.

그녀의 마법적 권능은 우호적인 분위기를 만들거나 마법 제례의 완성도를 올리는 보조적 역할이 특기다.

■ 하토르

〈하토르〉

보통은 암소 머리를 한 여성의 모습으로 묘사되며, 이러한 모습을 한 하토르일 때는 다산, 풍요, 행복 등을 상징하는 좋은 신이다. 죽은 자들(특히 파라오)을 저승으로 인도한다. 종종 파라오들의 어린 시절을 묘사하는 벽화에 하토르의 젖을 먹고 자랐다고 표현되는 신이다.

하토르는 호루스의 위성으로 오시리스인들의 식민지가 운영되던 곳이었다. 첨단의 기술력으로 낙원과 같이 만들어 놓은 곳이었다. 이 기억들이 풍요와 사랑의 신으로 하토르를 인식하게 한 것이다.

하토르는 지구에서의 마법적 권능이 마인드컨트롤, 사람의 마음을 돌려놓는 것에 특화된 신이다. 이는 그녀가 호루스의 제어키로 소환되었기 때문이다.

■ 세크메트

〈세크메트〉

하토르와 동일한 신격으로 숭배되었는데, 주로 사자의 머리를 하고 태양을 정수리에 얹은 형상으로 묘사된다. 암소의 형상을 한 하토르일 때는 다산, 풍요, 행복 등을 상징하는 좋은 신이지만 사자 머리를 한 세크메트로 변하면 세상에서 가장 잔인한 분노의 여신이 된다.

라는 자신에게 반항한 인간들이 도망쳤을 때 세크메트에게 자신의 힘이 담긴 눈을 주며 인간을 벌하라고 명하였다. 문제는 세크메트가 피와 살육에 취해 제대로 이성을 잃어버린 나머지 대학살을 벌인 것이었다. 사막까지 피로 물들자 라는 세크메트를 말렸지만, 세크메트는 "인간들을 죽이면 당신(라)의 기운이 담긴 그들의 피가 나의 심장에 환희를 줍니다."라며 라의 말을 무시하고 끝없이 학살을 이어 나갔다.

이에 라는 도저히 두고 볼 수 없어 인간들에게 명하여 술과 석류, 꼭두풀로 빚은 붉은 술을 지상에 7천 병이나 뿌리게 했다. 세크메트는 술을 인간의 피로 착각하여 몽땅 마시고는 취해 잠들었다. 이후 강제 귀환 복귀시킴으로써 마무리 지었다. 이와 관련하여 맥주 7천 병과 빨간 색소를 섞어 그걸 나일강에 풀자, 세크메트가 그 냄새에 홀려 닥치는 대로 마시다가 만취해서 인류를 구했다는 전승도 있다. 이후 라는 분리 마법을 사용해 세크메트의 분노에 찬 인격은 세크메트, 자비로운 인격은 하토르로 나누었다.
-나무위키 '세크메트'-

세크메트는 라 태양계의 8 행성으로 오시리스인들이 혜성 세트의 궤도를 안정화시키기 위해 만든 인공 행성이다. 이 행성은 궤도 안정용으로도 건립되었지만, 다른 역할도 있었는데 군사적 목적으로 활용되었다. 이 행성 자체가 고출력의 에너지 포를 장착한 군사 행성이었다.

그래서 지구의 신화에서는 라에게 반기를 든 인간들에 대한 징벌자로서 세크메트가 묘사되나, 오리온 우주의 라 태양계에서는 오시리스인에게 거역하는 다른 외계체들을 징벌하는 군사 행성으로 기능했던 것이다.

완전한 인공 행성이나, 태양계에 편입되어 엄연한 행성의 지위를 얻은 만큼 시간이 지나 신이 파견되었다.

오시리스인들이 대규모로 거주했던 외계 식민지가 있었는데 하나는 하토르이고 또 다른 하나는 세크메트였다. 하나는 낙원이자 하나는 징벌자인데, 마침 지구에서는 동일한 신이 다른 모습으로 취하는 것으로 묘사된 것이다.

그녀의 우주적 권능은 질서에 거역하는 자는 파괴한다는 것이고, 그 맹목성 때문에 그분과 관련된 마법은 조심히 다루어야 한다.

04
오리온 별빛의 여정

오리온 우주가 붕괴되면서 오리온의 '라' 항성계 시스템의 여러 고위 신적 존재들은 새로운 생명을 잉태하는 별들이 있는 항성계 시스템에 배속된다. 그들은 플레이아데스에 배정되었다. 플레이아데스는 인간형 존재들(베가성에서 기원한 휴머노이드 존재들)이 우주적 여정을 하다가 정착한 곳이었으며, 인간이 거주하기에 완전한 곳은 아니었지만 베가포밍(인간이 거주하기에 적합한 행성으로 인위적으로 환경을 변화시키는 것, 여기서는 베가성 출신들이 베가성에 맞는 환경을 구축하는 것을 의미)을 할 수 있는 가능성이 있어 휴머노이드들이 베가포밍을 하였다.

플레이아데스의 행성들은 진화가 갑자기 진행된 측면이 있었다. 갑작스러운 변화에 따라 행성 진화에 맞는 관리자들이 입식이 필요했는데 마침 라 항성계 시스템에 배속된 행성신들이 그들의 직분을 이어갈 수 있게 되었다.

오시리스의 생명의 근원, 네프티스의 기후 조절 능력, 이시스의 보호 능력, 프타흐의 항성계 시스템의 비밀한 관리 능력, 하토르의 인공 행성의 관리 노하우 등이 플레이아데스 성단이 자리 잡는데 지대한 공헌을 하였다.

플레이아데스 성단에 휴머노이드들이 성공적으로 입식함에 따라 구(舊)우주의 타항성계의 관리자들은 독자적으로 성장하는 플레이아데스의 자생적 신들에게 그 지위를 양보하고 새로운 곳으로 가야만 했다.

플레이아데스의 휴머노이드들은 행성의 관리자급 신들과 소통할 수 있었을 정도로 영격이 비약적으로 성장했고, 그들은 시리우스 영단에 오리온에서 유래한 신들이 일정 역할을 할 수 있도록 요청했다.

시리우스의 고위 신계의 존재들은 이를 받아들여 향후 문을 열게 되는 것이 예정된 새로운 행성, 지구에 오리온의 존재들이 그곳으로 갈 때까지 있도록 허락한다.

05
앙크, 엘피도스로 향하는 여정

오리온의 빛은 플레이아데스와 시리우스의 별빛을 더해, 지구(당시에는 엘피도스라고 불림)로 향하게 된다.

당시 가이아(여기서는 지구를 뜻함)는 모든 근원자들의 주파수가 입식 가능한 '가능성'의 땅이었다. 우주의 존재들은 특정 시공간이 자신에게 맞을 때 존재가 가능했다. 시공간의 주파수가 허락하지 않으면 존재할 수 없었던 것이 대부분 우주의 사정이었으나, 가이아는 모든 근원자들이 설계에 참여했기에 모든 형태장이 가이아 매트릭스에 존재가 가능했던 특별한 형태장이었다. 이곳이야말로 엘피도스(히브리어로 희망)이었다. 가이아는 고대에는 모든 존재를 허용했으나 이집트의 신들이 도착할 때는 서서히 외부 세계로의 문을 닫아가는 시점이었다.

〈앙크〉

앙크는 고대 이집트에서 사용되었던 상징 혹은 문양이다. 십자가의 일종으로 볼 수 있으며, 십자가로서의 성질을 강조할 때에는 '손잡이 달린 십자가'라는 뜻의 crux ansata(크룩스 안사타)라고 부르기도 한다. 그 형태의 유래에 대해 여러 설이 있는데, 남성과 여성의 성관계 장면을 형상화했다는 설과 여성이 발목에 끈을 둘러 신는 샌들 형태를 따 여성을 상징했다는 설, 또 여성의 생식기를 형상화했다는 설 등이 있다. 어느 쪽이든 간에 앙크는 여성과 연관되고 있으며, 동시에 여성만이 출산을 할 수 있다는 점에서 재생산과 생명의 상징으로 여겨지고 있다. 그래서 각종 고분벽화나 미술품에 등장하는 이집트의 신들이 이것을 쥐고 있는 모습을 볼 수 있다.

또한 앙크는 현실세계와 영적세계를 연결하는 것은 물론, 영생, 숨겨진 지혜를 드러내는 지식의 열쇠, 힘, 권위를 상징한다. 이것 말고도 생식, 장수는 물론, 생명과 우주, 만물의 씨앗이 되는 물질과 영혼을 주는 존재, 손거울을 의미하기도 한다. 이런 다양한 의미 때문에 앙크를 재생의 상징이자, 불운을 막아내고 행운을 나타내는 부적과도 같다고 보기도 한다.

앙크는 각도와 선과 그 모양에 따라 우주의 메시지와 비밀이 담겨 있다고 한다. 십자가 윗부분에 있는 원은 우주의 편재를 뜻하는 것은 물론, 법과 삶, 빛, 사랑을 나타낸다고 한다. 하단부의 십자부분은 양(陽)을, 상단부 원은 음(陰)을 나타내며, 이 둘이 곧 세계를 만드는 음양을 상징한다고 한다.

- 나무위키 '앙크'-

이집트의 신들을 보면 앙크를 쥐고 있는 모습을 볼 수 있다. 앙크의 기원에 대해서는 성적인 것, 나일강의 물, 음과 양의 조화 등 온갖 설이 있다. 생명의 십자가라고 불리는 앙크는 실제로는 오리온 신들의 여정을 상징화한 것이다.

〈오리온 신들의 시선에서 본 엘피도스. 지구가 속한 태양계〉

오리온에서 출발한 보라색의 빛은 플레이아데스의 푸른색 빛과 시리우스의 청백색 빛과 합쳐져 지구가 속한 태양계, 엘피도스로 향하게 된다. 오리온 우주에서 바라본 시점에서 태양계는 모든 것이 구족한 금빛 원반이었다. 신들은 엘피도스로 향하면서 직분에 충실한 무감정의 신에서 시리우스의 빛으로 영혼을 얻고, 플레이아데스의 빛으로 마음을 얻고 엘피도스 지구에서 감정을 얻는다. 하나의 개체적 존재로서 피어남의 과정이 앙크인 것이며, 오리온 우주의 시선에서 머나먼 여정을 떠나는 자들에게 부여한 고향을 잊지 말라는 증거이기도 하다.

후에 나오는 '플레이아시리우스오리온 앙크 000(신의 이름) 앙크'라는 주문이 왜 오리온과 플레이아데스와 시리우스의 이름이 섞였는지 이해가 될 것이다.

06

삼중의 수문장, 토트의 역할

토트는 오컬트의 모든 지식이 수록된 '에메랄드 타블렛'의 원저자라고 알려져서 서양 오컬트, 마법 체계에서 비중이 매우 크다.

토트는 특정 신격의 이름이 아니라 각 항성계의 비밀한 지식을 갖고 있는 자, 외부 항성계의 존재가 태양계로 침입하는 것을 막는 수호자, 각 항성계의 아카식 레코드를 관리하는 자, 태양계의 출입 관리자라는 의미가 농축되어 있다.

오리온 라 항성계에서 토트는 3행성으로 오시리스 행성의 사람들이 보기에 일식을 일으키는 행성으로 태양신 라의 비밀한 지식을 관리하는 존재로 여겨졌다. 즉 오리온 항성계에서의 토트는 비밀한 지식을 보유한 자였다.

지구가 속한 태양계에서는 신격이 하나이나 역할이 세 가지로 나누어져 있었고, 태양계의 각 지점 오르트 구름, 토성, 달과 같이 세 가지의 역할이 있긴 했으나 신격은 동일하다. 각 위치마다 토트가 있기는 했으나 모두 같은 존재라고 보면 된다.

태양계에서 일어나는 모든 일, 지구에서 생명이 탄생되었던 과정과 그 생명들이 진화되는 모든 과정, 행성 공전 궤도와 자전에 대한 일들을 비롯한 모든 일이 기록되었던 곳이 태양계 외곽의 오르트 구름이다.

첫 번째 토트는 오르트 구름[1]에서 태양계 외부, 외행성들(명왕성, 해왕성, 천왕성)을 지키는 역할을 했다. 은하계 외부의 영적 존재들과 물질적 존재들의 침입을 1차로 방어하는 수문장의 역할을 했다.

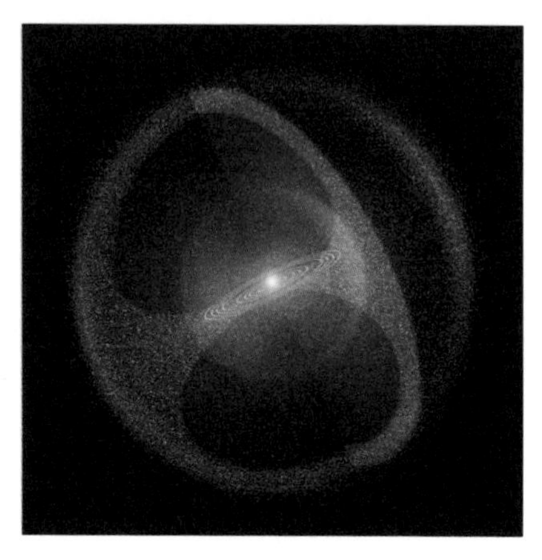

〈오르트구름〉

1 오르트구름 : 오르트 구름은 태양계를 껍질처럼 둘러싸고 있다고 여겨지는 가상의 천체집단을 말한다. 네덜란드의 천문학자 얀 오르트(Jan Hendrik Oort, 1900~1992)가 장주기 혜성과 비주기 혜성의 기원으로 발표하여 처음 붙여진 이름이다. 오르트 구름의 존재를 고려한다면 태양계의 범위는 일반 대중이 흔히 생각하는 범위보다 아주 많이 커진다. 보통 태양계의 끝 하면 떠올리는 명왕성 언저리 정도는 아득하게 초월하는 수준이다. 어느 정도냐면 현시점에서 지구로부터 가장 멀리 날아간 우주 탐사선인 보이저 1호가 오르트 구름 안쪽 경계에 도달하는 것이 2310년쯤이며, 오르트 구름을 완전히 벗어나려면 대략 3만 년의 시간이 걸린다. – 나무위키 발췌

두 번째 토트는 태양계 내부 행성들을 보호하는 역할, 태양계 내부로의 진입을 관리하는 내부 수문장으로서의 토트가 있다. 토성의 관리자이기도 하다.

세 번째 토트는 태양계 내에서 지적 생명체가 자리하는 지구를 특별히 보호하는 지구 아스트랄계의 수문장 역할을 했다. 은하계 외부의 이질적 영적 존재가 지구에 도달하기 위해서는 달의 신 토트의 에너지를 입어야 지구 영단에 입식이 가능했다. 아스트랄계의 태양과 같은 권능을 가진 것이 달이며, 이를 세 번째 토트라고 한다.

토트는 지구의 이집트 신화에서는 지식의 보관자, 달의 신, 과학의 신이라 알려져 있는데, 이렇게 지구가 속한 태양계에서 각 위치에서 그 역할을 나누어 활동한 신이라 하겠다.

07
외우주의 존재를 지구로 진입시키다

시리우스의 고위 영단은 오리온 우주에서 기원한 행성신들을 파라다이스로 알려진 가이아로 보내기로 한다. 오리온의 신들 역시 낙원이라 알려진 지구로 가기로 동의한다.

토트는 태양계 수문장으로서 오리온의 신들의 가이아 진입을 허락하였고, 지구 아스트랄계로 편입하기 위해 달을 매개로 하여 외계 아스트랄적 존재들을 초빙하게 된다.

달은 영계의 태양으로 설계되었다. 지구로 향하는 달의 앞면은 늘 빛을 발하지만, 달이 완전히 어두워질 때(개기월식) 달을 스크린으로 활용하여 외우주의 존재를 초빙할 수 있다. 이 권한자 역시 토트이다.

토트가 달을 장막으로 하여 외계 존재들을 지구 아스트랄계에 투사시켜 아스트랄계에 편입시켰으나, 외계체들과 지구적 존재들(지구 아스트랄계 존재, 지구의 인간들)과 접촉은 제한적이었다. 또 다른 물현화 시스템이 필요했는데, 이들 외계체들은 다른 존재들이 쓰고 버린 피라미드의 유적들을 활용하기로 한다.

당시 최초로 지구에 온 존재는 프타흐였다. 프타흐는 기술과 기예의 신으로 이집트에서 알려져 있다. 그는 구현화의 신이며, 그 존재는 다섯 근원자 중 네 번째 근원의식, 황금의 구현적 근원 의식의 후손이다. 프타흐는 지구 아스트랄계의 기운과 자신의 기운을 중화시킬 수 있는 특수한 에너지 장치를 만들어 자신과 추종자들을 지구 물질계에 투사시키게 된다.

이로써 프타흐는 이집트에 있던 고대의 피라미드(당시의 피라미드는 이집트 신들이 오기 전에 다른 외계 존재들이 만들었던 것이었다.)를 개보수하여 다른 신들을 지구로 강림시키게 된다.

프타흐는 이집트 최초의 신이었고 모든 신들이 그의 도움을 받아 차례로 지구 아스트랄계에 온전히 모습을 갖추게 하는 역할을 하였기에 신들의 왕으로 여겨졌다. 그러나 모든 신들이 차례로 소환이 되자, 이시스와 아누비스를 통해 봉인되었다.

봉인된 모습이 '미라'였으며, 일반 대중들은 영생을 꿈꾸며 언젠가는 돌아올 육체를 보존하는 것을 미라로 여겼으나, 실제로는 신을 봉인하여 강제로 외계 아스트랄계로 추방하는 것이었다.

08

오시리스 인간 육화의 비밀, 오시리스 거푸집 시스템

오리온에서 시작한 여정의 끝은 지구였다. 태양계 관리자의 힘으로 태양계 존재로 화하였고, 태양계 내행성에 관리자의 힘으로 내부로 들어갈 수 있는 몸을 얻었고, 지구 아스트랄계의 총책임자의 힘으로 지구 아스트랄계에 들어올 수 있었다.

이 우주적 존재들은 인간의 오욕칠정이 없었으나 지구 아스트랄계에 현현하면서 지구의 정보들을 입게 되면서 인간의 욕구, 욕망, 번뇌와 같은 정신 활동을 가지게 되었다.

토트는 지구 윤회계에 직접 육화한 적은 없었으나 이집트 신들의 지구 활동에 있어 감시자로서, 그리고 본인이 인간의 생을 느끼고 싶은 욕구가 있었던 부분도 있어서 이집트 신들의 아바타 시스템을 통해 인간으로 환생하게 되었다.

이집트 신들은 지구 아스트랄계 머물 때 아스트랄 장막에 동물의 형상으로 그 실루엣이 보여졌다. 영안이 열린 일부 지구인들 즉 신관이나 사제 등의 직분에 있었던 존재들은 이 아른거리는 그림자들이 각 신을 상징하는 동물들이라 믿었던 것이다.

지구로 온 신들(앞으로 이집트 신이라 부른다.)은 아스트랄계로의 현현에 만족하지 않고, 지구 물질계에서 활동하고자 하였다. 인간 육체 밀도의 강렬한 감정들이 아스트랄계에 거주했던 이집트 신들에게 다양한 흥미를 일으켰고, 육체 밀도에서 그 체험과 체험으로 인한 감정을 느끼길 원했다. 그러나 인간체로의 직접 환생은 매우 어려웠다. 외계 영체였기 때문이었다. 그들은 오시리스 신의 힘과 프타흐의 기술력으로 오시리스 거푸집 시스템을 만들었다.

오시리스는 오리온 라 항성계에서 유일하게 자생적으로 생명이 잉태되었고, 지적 생명체까지 진화를 이끈 행성이었기에 오시리스 신 자체가 지구가 보유한 생명 진화의 데이터와 가장 유사한 정보를 가진 신이었다.

신들은 오시리스 내부 정보를 기반으로 지구 물질계에서 활동이 가능한 인간체를 만들었다. 이는 인형 같은 육체였고, 더미(dummy)에 링크를 걸어 활동하였다. 영화 아바타에서 외계 종족의 육신을 만들고 인간이 정신 링크를 걸어 외계 종족의 몸으로 활동하는 것처럼 동일하게 이집트의 신들은 자신들의 육체를 만들었던 것이다.

이집트의 신들은 그 역할이 곧 자기 존재의 근거였으나, 그것은 우주에서의 존재 방식이었고, 지구에서는 인간적 욕구와 번뇌에 물든 정신체로 활동했기에 그들 사이에 필연적인 갈등이 있을 수밖에 없었다.

'라' 태양신을 중심으로 각 행성들이 자신의 자리에서 공전을 했던 것이 그들이 수십억 년간 행했던 것이었으나(우주적 코스모스), 인간의 정신을 받아들이면서 이러한 코스모스를 굳이 인간 사회에서까지 지킬 필요가 없었기에 여러 갈등이 있었다.

첫 번째 갈등은 프타흐와 이시스의 갈등이었다. 프타흐는 황폐화한 피라미드를 발견하고 재건하여 신들 소환을 위한 전초기지로 활용했었고, 오시리스 거푸집을 만드는데 일조하였다. 이 시기에 그는 '라'와 '이시스' 대신에 신들의 왕으로 활동했으나, 이집트의 신들이 소환되자 그의 현재 위치와 이시스의 갈등이 부각 되었다.

결국 이시스는 아누비스와 힘을 합하여 프타흐를 봉인하였다. 프타흐 아바타를 미라로 만들었고, 프타흐의 정신체가 다시 인간의 몸을 입지 않게 지구 아스트랄계에서 추방하였다. 지구의 인간들은 미라가 된 프타흐의 몸을 숭배했고(프타흐의 신상은 미라이다.), 프타흐가 미라에 깃들어 다시 부활할 것으로 생각했다. 그러나 지구인들의 생각과는 반대로 미라는 신들을 봉인[2]하는 형태였다.

프타흐 모습이 미라로 표현되는 것은 1세대 신들의 퇴장과 그 봉인의 모습을 뜻한다.

두 번째 갈등은 오시리스와 이시스의 갈등, 이시스와 라의 갈등이었다. 이시스는 오리온 라 항성계에서 가장 큰 행성이었고, 질량이 더 확보되면 오리온 라 항성계에서 항성이 되어 쌍성계를 이룰 수 있을 정도로 매우 컸다.

자신의 탄생 환경이 라에게 밀렸다고 해도 이시스는 자신의 궤도를 묵묵히 공전하면서 여러 소행성이 오시리스를 향해 다가오는 것을 막는 역할을 하였으나, 지구로 들어오면서 자신이 태양이라고 생각하게 되었다.

2 프타흐의 봉인에 대하여 : 모든 것이 프타흐를 통해 구현화되었고, 창조되었다고 신화상으로는 전해지나 그 전승은 멤피스 위주의 전승이었고, 결국에는 장인들의 수호신과 기예의 신으로 의미가 축소되었다.

오시리스는 지구에서 신들의 왕으로 여겨졌다. 오시리스가 오리온 항성계에서 특별한 위치를 점하는 행성이었고(지적 생명체를 보유한 행성), 지구에서는 거푸집 시스템의 원래 소스였기 때문이었다. 그러나 거푸집 시스템의 원본이라는 의미 이외에 오시리스는 마법적 힘을 갖고 있지 않았다. 이시스는 오시리스를 마법적 힘으로 지켜주는 역할을 하였다. 자신이 신들의 왕에 걸맞다고 여긴 이시스는 오시리스를 살해하기로 한다.

이시스는 신화 상에서는 남편에게 헌신하는 여상, 어린 호루스를 양육하는 모성애의 화신으로 묘사되나, 리딩해 본 모습은 매우 다르다. 권력자로서 성격이 강하다.

인간 육체 아바타는 자는 시간이 없으나, 아스트랄계에 있는 존재들은 자는 시간이 정해져 있었다. 아스트랄계의 원본 존재들이 자는 시간은 강력한 암호가 걸려져 있어 누구도 알 수 없게 되어 있었으나, 오시리스의 자는 시간을 이시스가 알고 있었고, 이를 세트에게 알려준다. 세트는 아스트랄계의 오시리스를 살해하였다. 이때의 조력자는 아누비스였다.

아누비스는 이집트 신들의 윤회를 담당하는 지구에서 별도로 관리되는 특수 아스트랄계의 관리자였다.

세 번째 갈등은 세트와 이시스의 갈등이었다. 세트는 오리온 라 항성계에서 공전 주기가 불규칙하고 라 항성계에 들어올 때마다 대재난을 일으켰던 혜성이었다. 세트의 오리온 신계에서의 모습은 팔두룡이었다. 세트는 이집트 신들이 소환될 때 이집트 외곽을 지켜 지구의 다른 외계 종족들이 이집트 영역을 침범하는 막는 국방부 장관의 역할을 하였다.

세트는 포악함이라는 지구 아스트랄계의 감정에 많이 물들었고, 이 존재는 필연적으로 신들의 왕으로 등극하려는 이시스와 갈등상태가 될 수밖에 없었다.

이시스는 세트가 오시리스를 살해했다고 선전했으며, 신들을 규합하여 세트를 토벌하고자 하였으나 세트가 이시스의 마법진을 찢어버려 이시스의 힘이 유일하게 통하지 않는 신적 존재임이 드러났다.

세트는 모든 마법을 무효화시키는 무력의 신이었고, 이에 대항하려면 마법적 힘보다는 무력에 특화된 존재로 대응해야 했다. 이시스는 아직 소환되지 않은 호루스를 데려오기로 한다.

달의 신 토트(지구 태양계의 출신)의 힘을 빌리고, 여러 이집트 신들의 힘으로 하토르와 호루스를 소환한다. 호루스는 강력한 존재였고, 이를 제어하기 위해 하토르도 소환한다.

아누비스는 세트의 편이었으나 전황이 세트에게 불리함을 알고, 이시스의 편에도 서게 된다. 이러한 줄타기에서 결국 아누비스는 세트를 배신하게 된다.

아누비스는 지구에서 세 번의 배신을 한다. 자신의 상관인 프타흐를 배신했고, 오시리스를 배신했고, 세트도 배신하였다.

이시스는 전쟁을 결국 승리로 이끌었고, 신들의 왕이 되었다.

09
코스믹 이시스로 업그레이드 되다 – 이시스의 그림자 마법에 당한 라

이시스는 라 항성계의 2인자 거대 행성이었다. 그녀는 인간의 몸을 입은 순간부터 다양한 인간의 감정을 느끼게 되었는데, 권력욕과 열등감이 많이 있을 수밖에 없었다.

지구의 신화에서는 이시스가 자신만이 해독 가능한 독을 가진 뱀을 만들었고, 이 뱀이 태양신 라를 물게 하여 태양신 라가 고통에 못 이겨 자신의 마법 이름을 이시스에게 발설하게 했다고 되어 있다.

지구의 이집트 신화에서는 신의 이름을 알면 신의 권능을 알게 된다고 전해지나, 신의 권능 알게 되는 진짜 키(key)는 신들이 갖고 있는 고유의 유전코드였다. 이를 광파(光波) 유전암호라고 한다. 지구에서 활동한 이시스는 다음과 같은 계획을 세운다.

– 라가 서 있을 때 포착하여 그의 그림자가 길게 땅에 드리울 때 특

정한 행위를 한다.

- 인간으로서의 라는 빛을 내는 광원은 아니라서 그림자를 빛으로 간주한다. 이시스의 유전물질(타액)을 먹인 뱀을 안은 제3자가 라의 그림자에 자신(제3자)의 그림자를 겹친다.
- 이시스는 라의 그림자와 뱀을 안고 있는 제3자의 그림자에 겹친 장소에 있으면서 이 뱀(독이 없는 뱀)이 자신을 물게 하였다.

이러한 마법적 행위로 인하여 이시스는 라 항성계에 행성신으로 있을 때 하지 못했던 중심 태양의 권능을 얻을 수 있었다. 신들이 인간 육체를 가지고 있는 지구였기에 이러한 그림자 마법이 가능했던 것이다.

라 항성계의 이시스와 대별하여 태양신 라의 힘을 얻은 이시스를 코스믹 이시스라고 부른다.

이집트 신화에서는 태양의 원반과 뱀이 같이 있는 것을 태양신의 상징으로 여겼다. 파라오의 왕관에 코브라를 다는 경우도 있었는데 이렇게 태양신 숭배와 결합된 뱀을 '우라에우스'라고 한다. 이집트 신화에서도 우라에우스는 이시스가 만들었다고 묘사된다.

이 그림자 마법은 라 항성계에서 우리 지구 태양계에서 일어나는 일식을 모티브로 한 마법이다. 태양의 힘을 가로채는 상징으로 일식이 전 세계적인 신화의 공통 의미가 있는 만큼 이시스는 타항성계에서도 종종 있는 일식을 마법적 의식으로 재구성한 것이다.

10
아스트랄계에 각인된 이집트 신들의 마법적 지식

오리온의 신들은 지구의 아스트랄계에 진입하면서 그 형태는 동물의 형상으로 지구인들에게 보여졌다. 지구의 신관의 자질이 있었던 소수의 영능자들은 환시 속에서 빛 속에서 어른거리는 동물들의 모습을 보았으며 그 형상들에게 이름을 붙이며 특정의 신격으로 모시게 되었던 것이다.

외계 영체가 지구의 아스트랄계에 진입하면서 거대한 충격이 있었고, 이것이 마법적 지식의 보고로 남아 후대의 마법사들이 마법적 영감을 받았던 것이다.

우리가 부르는 이집트의 신들, 이시스 여신을 예로 들어보자면 총 세분의 이시스가 있는 것이다.

---

1. 우주적 존재의 이시스 - 외계 영체로서의 이시스
2. 지구에서 활동한 역사적 존재의 이시스 - 외계체가 지구의 아바타를 입어 활동했던 인간 이시스
3. 지구 아스트랄계에 잔존 사념의 형태로 남아 있는 이시스

이렇게 세 분의 이시스가 있는 것이며, 다른 존재 이집트의 신들도 마찬가지이다.

지구에 남겨져 있는 이집트 마법의 원류는 아스트랄계의 잔존사념에 기인한 것이 많으며, 이집트 신들의 권능은 종교 아스트랄 사이드에 남겨져 있는 에너지들에 기인한다. 지구상에서 행해지는 오컬트의 힘은 이 잔존사념에 남겨져 있는 지식에 기인하며, 종교의 신들은 이 기억에 지구인들의 사념이 입혀져 신으로서 활동하는 것이다.

이 책에서 다루는 이집트 신들의 마법은 우주적 에너지체들이 지구로 들어오는 과정을 그대로 재현하면서 각 존재들의 권능을 싯디라는 형태로 고정화시키는 것을 통해 구현되었다. 이 마법적 권능은 우주적 신들의 여정에서의 기억, 신들의 권능적 지식들이 리츄얼을 통해 우주적 에너지를 가이아의 품에 봉안시켜 '잔존사념'이 아니라 완전한 지식의 결정체를 봉안한 것을 기반으로 한다.

즉 신으로서 활동한 존재들은 모두 시간의 흐름에 퇴색해버려 각자의 인연 따라 흘러갔으나, 지구의 오컬트 마법사들이 파편화된 기억을 지구인의 제한된 의식으로 받아들여 특정 마법으로 구현해냈던 것이다.

본서의 마법 싯디도 역시 '기억'을 기반으로 하나, 완전한 원본의 기억을 구현해내어 지구 아스트랄계, 가이아 여신에게 선물로 드리고 이를 봉안한 것에 기반한다.

따라서 기존의 이집트 마법 입문서와는 아무런 관계가 없으며, 여기서 다루는 여러 의식과 마법 사용법들을 열린 마음으로 받아 들여주었으면 좋겠다.

11
이집트 신들의 우주적 원본을 모시는 의식 – 개념설계

앞서서 근원자들의 존재에 대해 언급했다. 이집트 신들의 우주적 원본의 에너지를 사용하기 위해서는 이집트 신들을 지구로 모시는 마법적 의식을 해야 하는데, 이때 근원자적 존재들을 모시게 된다. 나중에 언급할 마법 제단 역시 원본을 모시는 의식을 간략히 물질적 제단으로 구현한 것이라서 지금 언급하는 이 내용이 중요하다.

■ 개념 설계

1. 우주 에너지를 초환하기 위해 집전자는 태양과 달을 합치는 의식(일식을 상징)을 한다. 그리고 달과 지구를 합치는 의식(월식)을 한다. 이로써 태양계 주재자로서 의식을 집전한다. 해당 의식은 7요 탄트라(7행성 탄트라)를 집전한 이가 자격을 가져, 한 번 이상은 태양계 주재로서의 힘을 쓴 자가 할 수 있다.

2. 태양계 주재자는 달에 월식을 일으켜, 달을 '흑월(black moon)'으로 변화시켜 우주 에너지를 달에 가득 차게 할 준비를 한다.

3. 오행 싯디로 불, 바람, 물, 땅의 원소를 마법 회로에 응집시켜 결계 4기둥을 세운다.

- 불의 원소는 빛과 열로 지구 신계를 밝혀라.
- 바람의 원소는 움직임으로 지구 아스트랄계를 정화하라.
- 물의 원소는 투영의 거울로 지구 엘리멘탈, 에테르계에 수십만 년 만에 온 손님들을 맺히게 도와주어라.
- 땅의 원소는 활동의 힘으로 손님들의 힘을 고정시켜 우리에게 힘을 주게 하여라.

4. 우주 태초의 빛을 고정시키고 견고하게 응집시킬 수 있는 '파괴되지 않는' 강력한 원석에 맺히게 한다.

5. 앙크로 상징되는 오리온의 빛을 받을 수 있는 원석, 시리우스의 빛을 담을 수 있는 원석, 플레이아데스의 빛을 견딜 수 있는 원석으로 중앙에 배치한다.

6. 이 변형된 빛이 엘피도스(희망)의 땅 지구 아스트랄계로 보내져 피라미드에서 생명의 존재로 바뀐다. 피라미드는 백수정급이며 주변에 영과 육의 교차점을 투영할 수 있는 원석인 자수정 12개를 배치한다.

7. 신에 해당되는 원석 조합 좌측–중앙–우측의 순서로 신의 에너지를 지구 아스트랄 장막에 투사시킨다. (일종의 렌즈 역할)

8. 우주에서 초환된 신성한 존재의 에너지는 '가이아'의 소유이다. 가이아의 문지기들이 지키는 존재들의 감시를 벗어날 수 없으며, 가이아 여신의 보석함에 해당 싯디들은 들어가서 밀봉된다.
제3의 집단은 해당 마법 싯디를 볼 수 없으며, 마법 싯디에 대한 라이센스를 태깅하여 부착할 수 없으나, 문지기에게 요청하면 제3의 그룹이 들어가서 볼 수 없게 할 수 있다.

해당 경로가 아니면 볼 수 없다.

- 첫째, 공성의 문을 통과한 자
- 둘째, 신성의 문을 통과한 자

• 셋째, 인간의 문을 통과한 자

이 경로를 통과한 자만 마법 싯디의 권한을 얻을 수 있다.

9. 신들을 소환하고 난 후 해당 에너지를 정보체의 형태로 남긴다.

의식을 할 때 펼쳐진 환영.

정보체를 접시에 받아 가는 두 존재가 보인다. 개의 머리를 한 존재, 고양이의 머리를 한 존재. 이렇게 두 분의 존재가 접시에 이집트 마법싯디가 구현된 정보를 받아 갔다.

정보체를 상징과 주문과 매칭하여 지구의 일체 정신계에 업로드함. 이때 당부까지 함, 누구도 이 마법 싯디를 해킹할 수 없으며, 권한자는 금강연화원 소속의 지정된 이만 재전수를 할 수 있는 교수의 자격을 얻는다. 이에 두 존재가 동의까지 한 것을 확인 후 업로드 완료.

10. 신들을 보낸다.

흑월이 정상적인 달로 변화하고, 태양계에서 우주의 빛이 본래의 곳으로 돌아가고, 태양계 게이트를 닫는다.

11. 조건들

- 원석 / 색깔을 달리한 초 / 공간 정화 및 공간 수호를 위한 향(이 때의 향은 고양이 여신을 상징하는 고양이 향꽂이를 썼다. 바스테트 여신)
- 물질적 준비 이외에 태양계 주재자, 4원소의 권능, 달의 변화를 일으킬 수 있는 권한, 지구 가이아와 접근할 수 있는 권한이 필요하다.
- 회로는 에너지의 바다, 원석은 에너지의 바다를 운행하는 배. 이 두 가지가 맞아야 한다.
- 4원소의 힘은 지구에 이분들이 맺히게 도와주는 아스트랄 장막을 치는 힘이 된다.
- 원석은 에너지를 응집시켜 특정한 에너지를 생명의 존재, 자의식을 갖는 존재로 바꾸게 한다.

12
이집트 신들의 우주적 원본을 모시는 의식 – 실제 작업

오리온 우주의 존재들은 두 분의 고위 신의 교합에 의해서 태어났다. 헵테케카리아라는 여성형 공룡형 존재와 헵테케카무스라는 남성형 공룡형 존재에 의해 오리온 우주의 행성과 항성이 태어났다. 헵테케카리아와 헵테케카무스는 세 번째 우주의 근원자들 중에서 세 분의 힘으로 태어났다고 보면 된다.

이집트 신들의 우주적 원본을 지구에 소환하기 위해서는 이러한 우주적 시원에서부터 시작해야 한다.

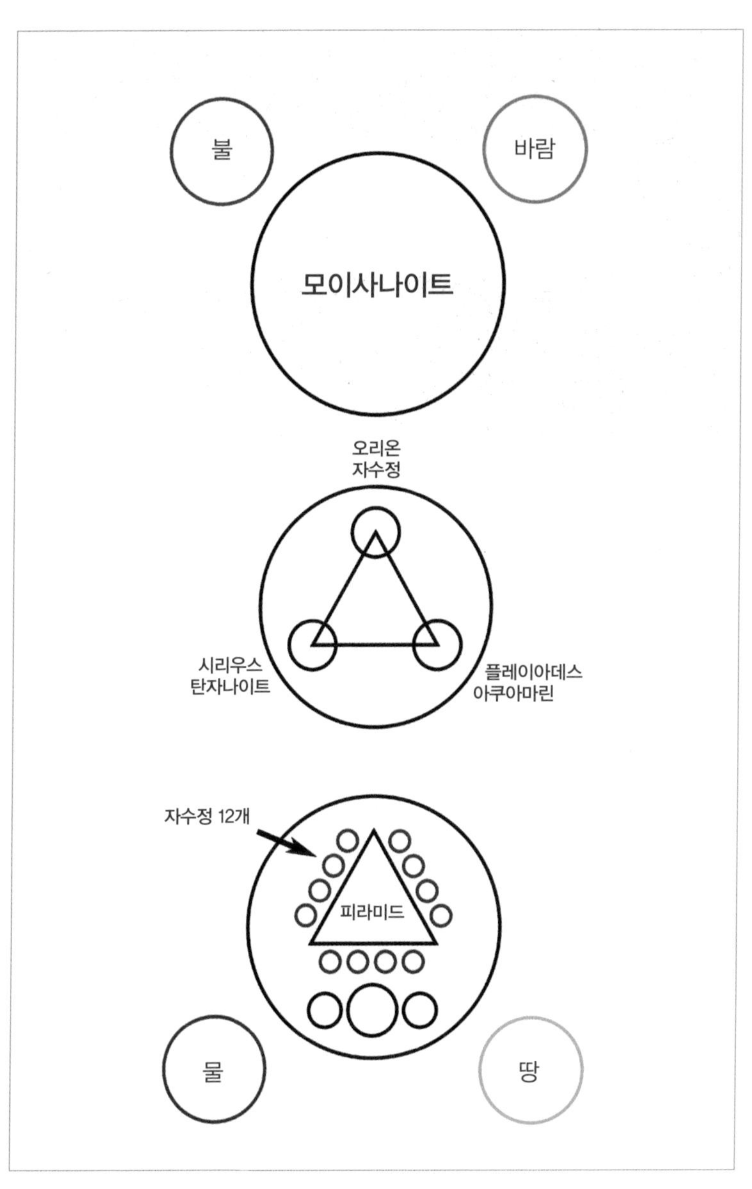

〈우주적 존재를 모시기 위한 제단〉

〈지구로 오는 여정〉

앞서의 장에서 이집트의 신들은 오리온 우주에서 탄생했고, 그 여정의 순서가 오리온-플레이아데스-시리우스 세 개의 시공간이었음을 언급했다. 근원에서 시작한 빛이 오리온을 거쳐 플레이아데스와 시리우스를 가치면서 지구로 오는 여정을 특수한 회로 안의 광물로 상징화하였다.

근원자의 빛을 모이사나이트(다이아몬드와 가장 유사한 경도와 빛을 가진 광물)에 맺히게 하고, 이 빛이 세 개의 시공간을 거치게 된다.

오리온은 자수정, 시리우스는 탄자나이트, 플레이아데스는 아쿠아마린으로 놓고 이후 지구로 소환될 때는 유리나 수정 재질의 피라미드에 자수정 12개를 배치한 후 각 신을 상징화한 원석들을 배치하여 신을 모시게 된다.

여기서 자수정 12개는 피라미드에 맺혀진 에너지를 구체화, 물질화시켜 지구 아스트랄 장막에 맺히게 하는 역할을 한다.

또한 초를 네 개 준비하여 빨간색, 녹색, 노란색, 파란색의 초에 불, 바람, 흙, 물의 정령 에너지를 부여하여 고위 존재들이 구현화되는 장소를 신성화시켜 성역화하는 결계의 역할을 하게 하며, 이 초들 자체가 지구 아스트랄계의 장막을 구현화하는 것으로 본다.

■ 소환제문

행자는 태양계 주재자의 힘을 얻어 태양계 주재자의 힘으로 달을 흑월로 변화하여 지구 아스트랄계에 외계의 고위 존재들을 투사시킬 준비를 한다.(태양계 주재자가 되는 과정의 제문은 생략한다.)

- **지구의 아스트랄계, 모든 층위의 정신계, 멘탈계는 6번째 광역 우주로부터 온 손님들을 맞이하여라.**(우리 우주는 세 번째 우주의 6번째 광역 우주에 속해 있음)
- **불의 원소는 빛과 열로 지구 신계를 밝혀라.**

- 바람의 원소는 움직임으로 지구 아스트랄계를 정화하라.
- 물의 원소는 투영의 거울로 지구 엘리멘탈, 에테르계에 수십만 년 만에 온 손님들을 맺히게 도와주어라.
- 땅의 원소는 활동의 힘으로 손님들의 힘을 고정시켜 우리에게 힘을 주게 하여라.
- 우주 태초의 빛 근원의 빛, 광선이 세 번째 대우주, 6번째 광역우주에 보이도다.
- 근원의 광휘가 시공을 초월하여 맺히도다. (모이사나이트)
- 오리온의 빛(자수정) / 시리우스의 빛(탄자나이트) / 플레이아데스의 빛(아쿠아마린) 이 빛이 삼중의 토트의 힘을 받아 달에 완전히 차도다.
- 오리온의 빛의 여정이 시리우스와 플레이아데스의 빛을 받아 지구로 왔도다. 다시 그 여정의 빛으로 회귀하여 지금 여기 나 오리온의 좌로 그대들을 부른다.

이렇게 제문을 외우고 피라미드 아래쪽의 유리 접시에 이집트 신들의 상징물들을 배치하고 각 이집트 신들의 권능을 차용할 수 있는 주문을 매칭하여 각 이집트 신들의 에너지를 고정화시킨다. 이때 중심원석을 향후 이집트 마법 싯디를 쓸 때 상징으로 쓰게 된다.

- 오시리스 : 플레이아시리우스오리온앙크 오시리스 앙크
  세 번째 접시 위에 자수정–에메랄드–백수정을 놓는다. 중심원석은 에메랄드이다. 에메랄드가 없으면 에메랄드 대용의 녹색 큐빅도 괜찮다.

- 세트 : 플레이아시리우스오리온앙크 세트 앙크
  세 번째 접시 위에 시트린–흑요석–시트린을 놓는다. 중심원석은 시트린(황수정)이다. 시트린이 없으면 노란색 큐빅도 괜찮다.

- 이시스 : 플레이아시리우스오리온앙크 이시스 앙크
  세 번째 접시 위에 골드–루비–은을 놓는다. 중심원석은 루비이다. 루비가 없으면 빨간색 큐빅도 괜찮다.

- 프타흐 : 플레이아시리우스오리온앙크 프타흐 앙크
  세 번째 접시 위에 골드–녹수정–문스톤을 놓는다. 중심원석은 녹수정이다. 녹수정이 없으면 녹색 큐빅도 괜찮다.

- 호루스 : 플레이아시리우스오리온앙크 호루스 앙크
  세 번째 접시 위에 골드–청금석–썬스톤을 놓는다. 중심원석은 청금석이다. 청금석의 대체물은 없고 청금석 원석만 가능하다.

- 하토르 : 플레이아시리우스오리온앙크 하토르 앙크
  세 번째 접시 위에 골드–루비–청금석을 놓는다. 중심원석은 루비이다. 루비가 없으면 빨간색 큐빅도 괜찮다.

- 아누비스 : 플레이아시리우스오리온앙크 아누비스 앙크
  세 번째 접시 위에 흑요석–사파이어–흑요석을 놓는다. 중심원석은 사파이어이다. 사파이어가 없으면 푸른색 큐빅도 괜찮다.

- 라 : 플레이아시리우스오리온앙크 라 앙크
  세 번째 접시 위에 백수정–골드–금침수정을 놓는다. 중심원석은 골드이다. 대체물은 없다.

- 세크메트 : 플레이아시리우스오리온앙크 세크메트 앙크
  세 번째 접시 위에 골드–루비–흑요석을 놓는다. 중심원석은 루비이다. 루비가 없으면 빨간색 큐빅도 괜찮다.

- 네프티스 : 플레이아시리우스오리온앙크 네프티스 앙크
  세 번째 접시 위에 청금석–에메랄드–시트린을 놓는다. 중심원석은 에메랄드이다. 루비중심원석은 에메랄드이다. 에메랄드가 없으면 에메랄드 대용의 녹색 큐빅도 괜찮다.

- 플레이아데스시리우스오리온을 거치신 그대여 앙크의 문으로 나의 앙크에 힘을 부여할지어다.

- 이후 지구 자체인 가이아를 생각하면서 가이아에게 해당 싯디를 봉납하는 절차를 진행한다. 가이아의 수문장을 마음으로 부르면, 개의 머리를 한 존재와 고양이 머리를 한 존재가 내 앞에 선다.

- 이때 두 존재가 내미는 쟁반에 이집트 신의 권능이 녹아든 보석들이 떨어지고, 해당 보석들은 가이아의 보석함에 보관된다. 수문장들은 가이아의 소유물에 접근하여 오염시키는 자들은 용서하지 않을 것이라 말하는 것이 연상된다. 이집트 마법 싯디는 본질이 지구의 것이 아니라서 가이아에게 봉납하는 절차가 필요한 것이다. 이는 가이아의 비밀한 저장고에 저장되었다는 뜻이며, 해당 에너지를 강제로 사용하는 자가 있다면 큰 대가를 받게 된다는 의미이다.

의식의 집전자는 이들에게 집전자는 사용의 권한이 있음을 고하고 마무리한다.

13
헵테케카리아와 헵테케카무스 소환법

우리 우주 즉 세 번째 우주에는 근원자들이 다섯 분이 계심을 앞에서 언급했었다. 이분들 중 세 분의 화음(삼화음, 트라이어드)에 의해 오리온 우주가 창조되었고, 이 우주에서 물질적 구현자로서 헵테카리아라는 여성형 존재와 헵테케카무스라는 남성형 존재가 최초로 창시되었다.

이 두 분이 오리온 신계의 어머니와 아버지가 되기 때문에 이 두 분의 에너지를 마법적 구현 에너지로 고정시키는 작업이 있어야 라 항성계의 모든 신적 존재들이 활동할 수 있는 것이다.

신의 지문 책에서는 오리온 자리의 알니탁-알니람-민타카 세 별의 위치가 피라미드 세 개의 위치가 일치하다고 말하고 있다. 위 마법진에서는 세 분 근원자의 위치를 오리온 벨트와 일치되게 배열하였다.

모이사나이트로 상징되는 근원의 빛이 각각 흑요석(다섯 근원자 중 다섯 번째 근원자의 검은색), 골드(다섯 근원자 중 네 번째 근원자의 금색), 자수정(다섯 근원자의 두 번째 근원자의 마젠타색)을 통해 여성형

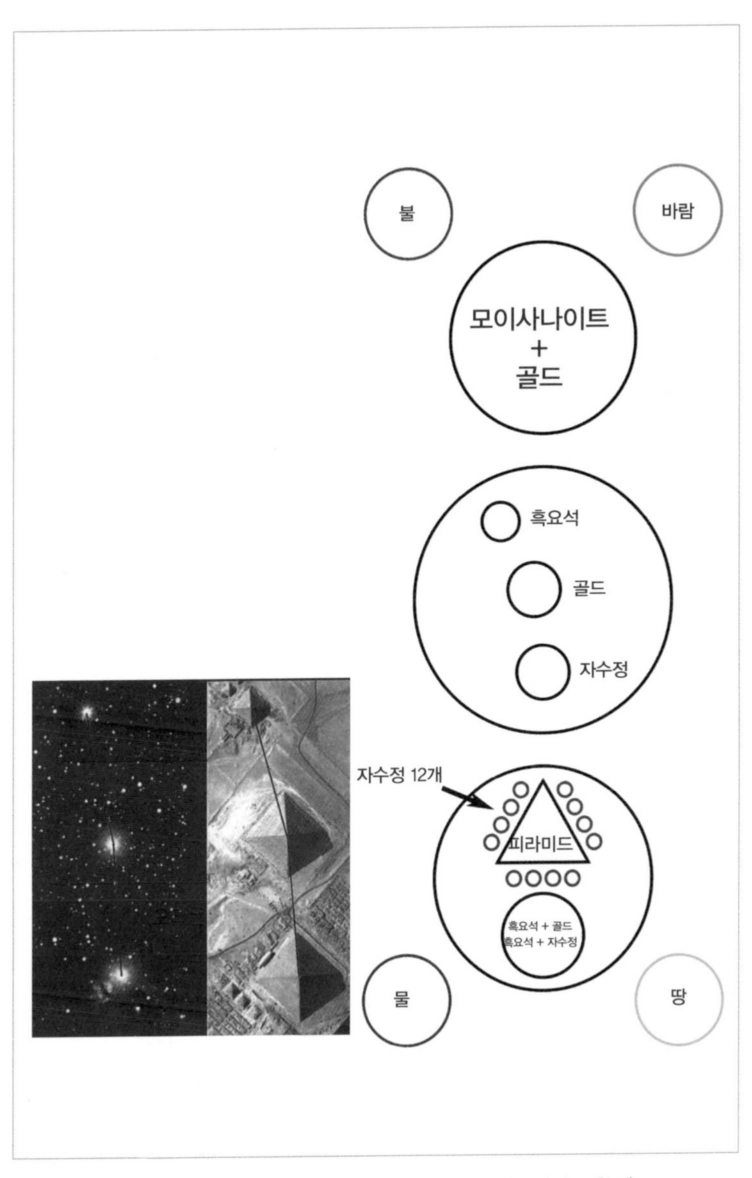

〈오리온 벨트와 피라미드의 그림, 그리고 두 고위존재의 소환진〉

존재와 남성형 존재 두 명을 창시하는 마법진이다.

흑요석과 자수정의 조합은 헵테케카리아

흑요석과 골드의 조합은 헵테케카무스

아래는 소환제문이다.

집전자는 태양계주재가 되어 달을 흑월로 변화시켜 외부 아스트랄 존재를 지구의 달에 투사시킬 수 있는 권한을 얻는다.

이후 아래 제문을 읽는다.

- 지구의 아스트랄계, 모든 층위의 정신계, 멘탈계는 6번째 광역 우주로부터 온 손님들을 맞이하여라. (우리 우주는 세 번째 우주의 6번째 광역 우주에 속해 있음)

- 불의 원소는 빛과 열로 지구 신계를 밝혀라.
- 바람의 원소는 움직임으로 지구 아스트랄계를 정화하라.
- 물의 원소는 투영의 거울로 지구 엘리멘탈, 에테르계에 수십만 년 만에 온 손님들을 맺히게 도와주어라.

• 땅의 원소는 활동의 힘으로 손님들의 힘을 고정시켜 우리에게 힘을 주게 하여라.

헵테케카리아와 헵테케카무스 소환은 아래의 다섯 근원자들의 비밀스러운 카오스워드(주문)을 외운다.

• 근원의 빛이 보이는도다. 3번째 우주이자 삼각형을 상징하는 대우주의 다섯 근원자. 지고의 존재, 존재 이상의 무극의 존재, 언어로 표현할 수 있으나 언어로 표현할 수 없는, 이해할 수 있으나 이해하지 못하는, 금색 구현의 10차원 unlimited golden consciousness이시여, 그대의 광휘로 오리온 우주에 빛을 부여하도다.

• 3번째 우주이자 삼각형을 상징하는 대우주의 다섯 근원자. 침묵의 존재, 존재 이상의 무극의 존재, 절대의 침묵이자 끝없이 이어지는 무저갱의 흑암의권능자, 빛이 이어지는 곳을 어둠으로 잇는 절대빛의 주인, 침묵의 10차원 endless dark consciousness이시여, 그대의 침묵으로 오리온 우주의 무한한 발전을 보장하도다.

• 3번째 우주이자 삼각형을 상징하는 대우주의 다섯 근원자. 어머니의 존재, 존재 이상의 무극의 존재, 심홍의 핏빛으로 우주를 낳는 모든 질료의 주인, creation의 body이자 그대의 굴곡진 몸으로 우주

가 새겨지는 우주 자체의 육신이신 그대, 마젠타 심홍의 몸을 가진 10차원 mazenta mother consciousness이시여, 그대의 사랑으로 모든 차원 스펙트럼에 오리온 우주를 창조할 수 있도다.

• mazenta mother consciousness와 endless dark consciousness의 축복으로 헵테케카리아

• 헵테케카리아는오리온의 어머니. 그대의 힘을 그대의 자식들에게 사랑으로 부여하도다.

• unlimited golden consciousness와 endless dark consciousness의 축복으로 헵테카무스

• 헵테케카무스는 오리온의 아버지. 그대의 힘을 그대의 자식들에게 지성으로 부여하도다.

• 가이아는 오리온 최고 신계의 힘을 정보체로서 보관하도다.

앙크트라이어드 헵테케카리아 앙크

앙크트라이어드 헵테케카무스 앙크

14
별개의 존재 토트의 소환법

토트는 앞서의 장에서 말했듯, 지구가 속한 태양계의 존재이다. 그는 오르트 구름과 토성과 달의 주재자로서 외부 항성계 존재들의 침입에 대해 반응하는 존재였다. 그는 오리온 라 항성계의 신들이 들어올 수 있게 협조했었고, 그 반대급부로 오리온의 신들이 아바타로서 인간으로 활동할 때 자신도 인간으로 활동할 수 있게 그들의 기술력을 차용하여 인간으로 활동할 수 있었다.

그래서 소환 제례문이 조금 다르다.

- 태양계의 아카식레코드, 행성의 비밀을 거머쥔 자, 카이퍼벨트와 오르트 구름으로 드러난, 그대 토성의 지혜.
- 태양계의 게이트의 수문장, 날카로운 낫으로 빛을 절단하고, 어둠을 구부리는 태양계 외행성의 수문장.
- 영겁의 시간 동안 Darkness, coldness의 낫으로 비밀을 보관한 자, 토트여.

- 지구의 신계에 들어온 이후 다시 그대를 부른다. 나의 힘에 응하여 다시 그대의 모든 것을 지구의 계에 허용하여 보여줘라.

처음의 근원의 빛은 모이사나이트
중앙의 유리 접시에는 골드
세 번째 접시에는 은- 청금석- 은을 배치하여 위 제례문을 읽는다.

15

이집트 마법에서의 신들의 권능
– 우주적 존재로서의 권능

이 책에서 다루는 이집트 마법은 우주적 기원에서 그분들의 권능을 찾은 만큼 제신들의 일반적 마법의 활용 말고도 여러 측면에서 마법적 권능을 청할 수 있다.

지구의 모든 마법 체계는 오리온의 신들이 '우연히' 아스트랄계에 남긴 정보체에 기인한다. 그러나 그들 신들이 후대에 마법을 쓰도록 정보를 체계적으로 지구 아스트랄계에 남겨 놓지 않았기 때문에 현재 행해지는 마법들은 지구인들의 관념, 상상이 정보체가 많이 묻어 있다.

이집트 신들의 우주적 원본을 모시는 의식을 통해 지구 아스트랄계에 고정된 특수한 정보체를 받는다면 그의 마법적 역량은 지구의 것을 넘게 된다. 기존 오컬트 체계로 수행한 사람이 이 권능을 받는다면 원본 이시스, 원본 프타흐, 원본 아누비스의 권능을 이어받는 것이다.

■ 태양신 라

1. 태양의 광휘로 일체의 어둠을 가려, 장애를 없앤다.
2. 태양의 힘과 에너지로 생명력을 일으키고, 힘과 용기를 불러일으키는 데 사용한다.
3. 주도권(권력)을 가진다.

■ 오시리스

1. 생명력을 증진시킨다. 회복력을 증진시킨다.
2. 물질적 풍요를 가져다준다.

■ 이시스

1. 마법적 힘으로 어려운 문제가 교묘하게 해결된다.
2. 영적 소환수를 창조하여 본인의 목적에 사역하게 한다. - 우주적 존재로서의 권능. 그녀가 숭배받았던 오리온 우주에서는 그녀는 유전공학의 신으로 모셔져 렙틸리언들이 그녀에게 유전 실험을 할 수 있게 기도도 하였고, 권능을 요청하기도 하였다.
3. 영적 유전자를 교정한다. - 우주적 존재로서의 권능
4. 깊은 무의식의 근본적 치유를 꾀할 수 있다.

■ 프타흐

1. 모든 탈리스만, 마법진, 메카닉적 존재의 창조자이자 비밀의 문을

아는 열쇠지기. 절대자의 모든 비밀 지식을 아는 자 - 우주적 존재로서의 권능

2. 탈리스만, 마법진을 구할 때 적절한 물건을 주시는 분
3. 신을 봉인시킬 수 있는 분 – 스스로도 풀 수 없게 철저하게 봉인(미라)되었던 신이었기에 누구보다도 신을 봉인할 수 있는 지식을 갖게 됨.

■ 호루스

1. 승리의 신, 경쟁에서 이기게 하는 신
2. 승진의 신, 상속자의 신, 후계자의 신
3. 육체 활력의 신

■ 세트

1. 공포를 주는 신, 공포를 느끼게 하는 존재
2. 일체의 마법을 찢어버리는 존재. 이시스와 대척점에서 무력(武力)으로 마법진을 찢는 존재로, 이시스 마법과 프타흐 마법의 대칭점에 있음. – 우주적 존재로서의 권능
3. 따라서 일체의 마법적 위해로부터 지켜주는 권능을 갖고 있음.

■ 하토르

1. 사랑의 신으로 가정 내 평화, 사랑, 출산을 담당하는 존재
2. 우주적 권능으로 마인드컨트롤의 권능을 갖고 있음. 사랑뿐만 아

니라 미움, 슬픔, 기쁨의 감정으로 존재를 다룰 수 있음.

3. 감정, 교류의 영역에서 에너지를 조율할 수 있게 하는 자. 애니멀 커뮤니케이터, 죽은 자와의 정서적 교감, 동물과 식물의 미세 에너지를 조율하는 자
4. 물질적 풍요를 가져다준다. 오시리스인들에게 낙원으로 인지되었던 하토르 행성.

■ 아누비스

1. 죽은 자와 연관이 있으나, 엄밀히 말하면 이세계(異世界)의 영역을 구분하는 자.
2. 따라서 결계망에 특화된 존재이다. 일반적인 결계의 용도, 나를 지키고자 하는 방어로서의 결계 이외에도 특수한 목적으로 결계를 만들 수 있다. 같은 공간에 있으나 다른 시공간의 진동 파동에 있게 다른 시공간을 연출할 수 있게 한다. 즉 정서적 격리, 정신적 격리, 마법적 격리를 할 수 있다.

■ 네프티스

1. 풍요의 신, 질서를 부여하는 존재 - 우주적으로도 기후를 지배하는 존재였고, 지구에서는 이집트 지역을 플레이아데스포밍하는 역할을 하였기에 엉클어진 관계를 정돈하는 마법적 권능이 있다.
2. 재앙을 물러나게 하는 신

16

이집트 신들의 제단 제작과 기도법

우주의 존재들이 지구 아스트랄막에 고정화시키는 작업을 한 후 이제 사용법에 대해 언급한다. '플레이아시리우스오리온 앙크'라고 시작되는 주문이 있는데, 앞에 말했듯 오리온과 플레이아데스와 시리우스를 거친 신들의 여정이 앙크로 표현되는 것이라서 주문 앞에 이 세 개의 단어가 배치된 것이다.

■ 라 기도법

플레이아시리우스오리온 앙크 라 앙크

- 위 주문을 외우고 1. 빛살의 광휘 2. 태양을 상징하는 골드빛의 원반 3. 원반 주변에 투명한 오라장이 빛남 이렇게 관상하면 된다.
- 이후 기도를 하거나 위 상징을 연상하며 명상이나 기동작을 하면 된다.

■ 오시리스 기도법

플레이아시리우스오리온 앙크 오시리스 앙크

- 위 주문을 외우고 1. 에메랄드 빛의 방형 2. 녹색의 눈동자를 연상한다. 1이 보이며 1이 2번 녹색 눈동자로 겹쳐 보인다.

- 이후 기도를 하거나 위 상징을 연상하며 명상이나 기동작을 하면 된다.

■ 이시스 기도법

플레이아시리우스오리온 앙크 이시스 앙크

- 위 주문을 외우고 1. 원형의 루비 2. 루비가 바닷속으로 들어가며 와인빛의 바다가 연상된다. 3. 와인빛의 바닷속에서 금색의 달이 떠오르며 4. 그 안에 황금빛 앙크가 빛난다.
- 이후 기도를 하거나 위 상징을 연상하며 명상이나 기동작을 하면 된다.

■ 프타흐 기도법

플레이아시리우스오리온 앙크 프타흐 앙크

- 위 주문을 외우고 1. 녹색 에메랄드 육각기둥 2. 육각기둥이 판형의 육각망으로 변화하는데 삼중으로 선이 그어진 녹색 육각망 3. 육각망 판에 녹색 앙크가 떠오르며 그 주변에 금색의 오라장이 보임.
- 이후 기도를 하거나 위 상징을 연상하며 명상이나 기동작을 하면 된다.

■ 호루스 기도법

플레이아시리우스오리온 앙크 호루스 앙크

- 위 주문을 외우고 1. 청금색 원반 2. 청금색의 앙크 3. 청금색의 앙크 주변에 골드의 오라장이 보임.
- 이후 기도를 하거나 위 상징을 연상하며 명상이나 기동작을 하면 된다.

■ 세트 기도법

플레이아시리우스오리온 앙크 세트 앙크

- 위 주문을 외우고 1. 육각 흑요석 기둥 2. 흑요석 기둥이 검정 판형 육각망으로 변화한다. 삼중의 육각망 3. 검정 판형 육각망에 노란색 눈동자가 보인다.
- 이후 기도를 하거나 위 상징을 연상하며 명상이나 기동작을 하면 된다.

■ 하토르 기도법

플레이아시리우스오리온 앙크 하토르 앙크

- 위 주문을 외우고 1. 사각형의 루비 2. 루비가 루비색의 앙크로 변화 3. 앙크 주변의 골드의 오라장이 보임
- 이후 기도를 하거나 위 상징을 연상하며 명상이나 기동작을 하면 된다.

■ 아누비스 기도법

플레이아시리우스오리온 앙크 아누비스 앙크

- 위 주문을 외우고 1. 육각 흑요석의 기둥 2. 기둥이 검정색의 판형 육각망으로 변화함, 육각망은 삼중으로 됨. 3. 육각망이 안개로 변화하고 안개 속에서 빛나는 사파이어 빛의 눈
- 이후 기도를 하거나 위 상징을 연상하며 명상이나 기동작을 하면 된다.

■ 세크메트 기도법

플레이아시리우스오리온 앙크 세크메트 앙크

- 위 주문을 외우고 1. 루비색의 눈동자 2. 흰자위 부분이 검정색으로 보임, 즉 검정색 눈에 빨간색의 눈동자 3. 바깥은 골드의 원반으로 보임
- 이후 기도를 하거나 위 상징을 연상하며 명상이나 기동작을 하면 된다.

■ 네프티스 기도법

플레이아시리우스오리온 앙크 네프티스 앙크

- 위 주문을 외우고 1. 녹색 에메랄드 방형 2. 중앙에 골드 빛 오라가 있는 에메랄드 빛의 앙크로 변함 3. 청금색의 원반 안에 있는 에메랄드 빛의 앙크

- 이후 기도를 하거나 위 상징을 연상하며 명상이나 기동작을 하면 된다.

■ 헵테케카리아 기도법

앙크 트라이어드 헵테케카리아 앙크

- 위 주문을 외우고 1. 검정색 판형의 삼중 육각형 2. 그 안의 보라색 육각형
- 이후 기도를 하거나 위 상징을 연상하며 명상이나 기동작을 하면 된다.

■ 헵테케카무스 기도법

앙크 트라이어드 헵테케카무스 앙크

- 위 주문을 외우고 1. 검정색 판형의 삼중 육각형 2. 그 안의 원형 골드.
- 이후 기도를 하거나 위 상징을 연상하며 명상이나 기동작을 하면 된다.

■ 토트 기도법

앙크 솔라시스템 새턴 토트 앙크

- 위 주문을 외우고 1. 청보라의 눈동자. 2. 청금색의 호루스의 눈으로 변화함 3. 호루스의 눈은 은색의 원반 안에 있다.

– 이후 기도를 하거나 위 상징을 연상하며 명상이나 기동작을 하면 된다.

■ 제단 제작의 방법

〈이집트 마법의 마법단〉

– 빨간색 캔들(불), 초록색 캔들(공기), 파란색 캔들(물), 노란색 캔들(땅) 이렇게 네 개의 캔들을 사방위에 배치하고 불을 붙이면서 4대 원소의 싯디 발공 주문을 외우면서 불을 붙인다.

– 마법 회로 위쪽에 왼쪽에 헵테케카리아를 상징하는 보라색 원석

(자수정), 오른쪽 위에 헵테케카무스를 상징하는 노란색 원석(황수정이나 칼사이트)을 배치한다. 오벨리스크와 유사한 배치이다. 신들의 어머니와 아버지를 상징한다.

- 중앙에 각 신에 대한 원석을 놓는다. 예를 들어 이시스의 경우에는 루비나 빨간색 큐빅이면 된다.
- 하단에 골드를 놓는다. 이는 태양을 의미한다. 최하단에 수정을 놓는다. 수정은 아스트랄계에 직접 현현하는 장막의 역할을 한다. 수정 대신에 크리스탈 구를 놓아도 된다.
- 준비가 되면 각 신에 대한 발공 주문을 외우며 기도나 명상을 한다.

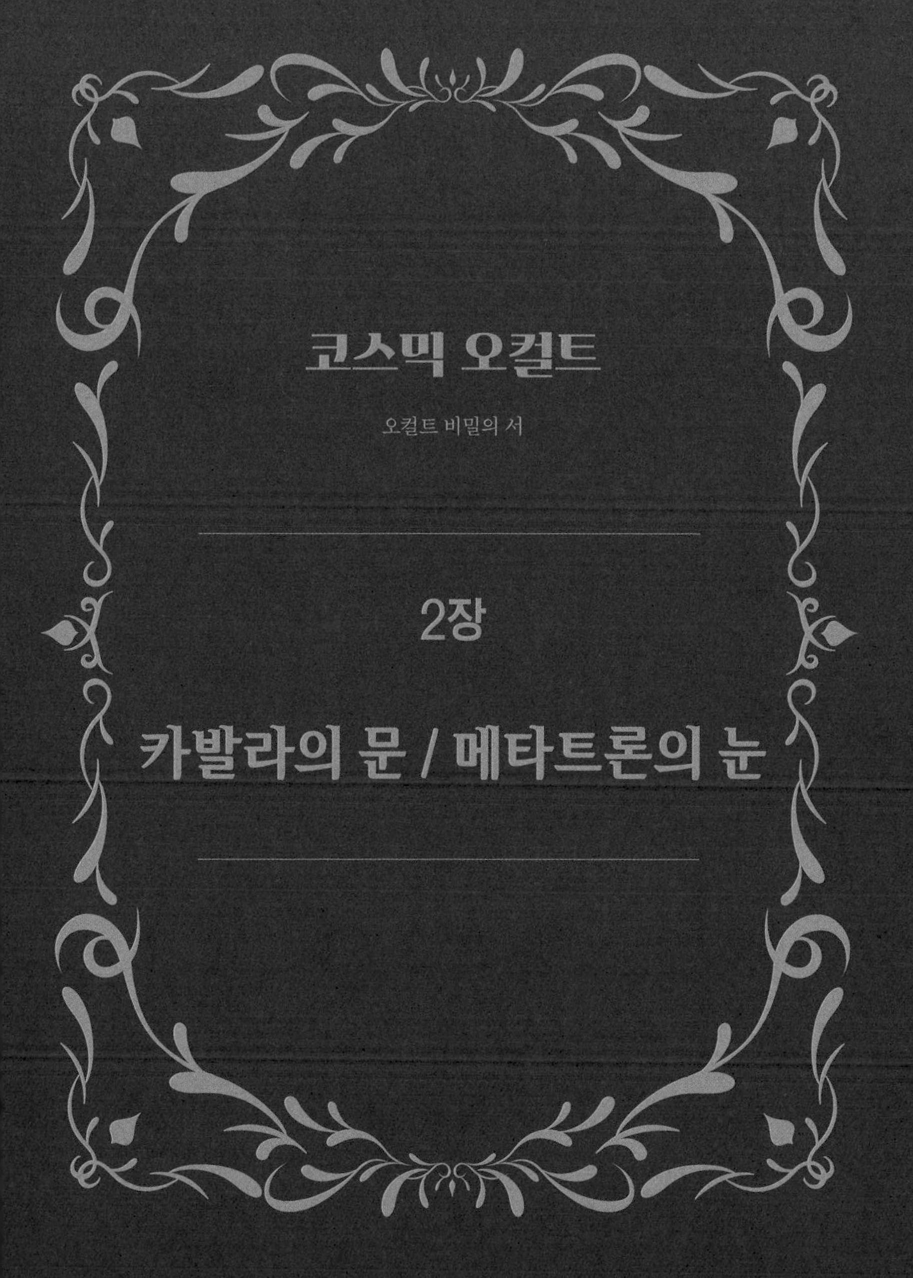

코스믹 오컬트

오컬트 비밀의 서

2장

카발라의 문 / 메타트론의 눈

카발라는 중동에서 비전적으로 내려온 체계이다.

머리말에도 언급했지만, 이집트 마법, 카발라, 힌두의 차크라 체계들은 서로 문화적으로 아무 관계가 없으나, 절대의 눈이 중동의 히브리인들에게 비칠 때 해당 체계가 완성되었다고 보고, 본서에 카발라의 내용도 수록한 것이다.

메타트론은 3만 6천 개의 눈을 가진 불꽃의 천사라고 한다. 카발라 체계의 상징으로서 본서에서는 메타트론의 눈을 비정(秘定)하여 소제목을 메타트론의 눈이라 한 것이다. 카발라의 이 체계들은 마찬가지로 권능 부여의 의식이 있어야 실제로 사용이 가능하다고 하겠다.

이 책에서 나오는 천사들의 '눈'은 고도의 정보가 농축된 것이 상징화한 것이며, 날개들은 나는 용도가 아니라 에너지의 집적판, 방출판, 오라 에너지가 물질적으로 드러난 것으로 보아야 한다.

01
카발라 수행에 들어가기 앞서서

유대 신비주의인 카발라는 중동에서 비전적으로 내려온 비전 체계이다. 인도에서 발전된 밀교가 일반적인 불교(밀교적 입장에서는 현교)에 대비하여 스승과 제자 사이의 비전적 체계, 비의적 체계로 내려온 것과 유사하게 카발라도 천주교나 개신교와는 다르게 성경을 신비주의적으로 이해하고, 신의 비밀이 비전으로 전수되고 있음을 말한다.

유대 신비주의는 문서화되기 전부터 계속 있었다고 추정되지만, 문서화된 경전으로는 13세기에 편집된 '세페르 하조하르' 즉 '조하르'라고 하는 경전이 근본 경전이라 보면 된다. 책 자체가 의미가 다중적으로 해석될 수 있는 여지가 많고, 교조가 있어서 종단의 형태로 내려오는 체계가 아니다 보니 후대에 여러 갈래로 나누어질 수 있는 여지가 있었던 것이다.

카발라는 유대 카발라로 시작되었지만, 기독교에서도 연구되어 신의 아들 예수를 카발라의 체계로 이해하여 크리스천 카발라라는 부류도 생겨났다.

현대의 세피로트(생명나무), 10개의 세피라(세피로트를 이루는 구)가 나오는 개념들은 창세기 아담 당시의 체계와 다를 수도 있음을 감안해야 한다.

본서는 다이온 포춘의 『미스티컬 카발라』[1]와 채성훈, 조영선 저자의 『타로카드와 카발라 레이키』[2]〈?〉, 나무위키의 '카발라', '세피트의 나무'의 지식을 기반으로 하여 수행 차제로서 실전형 수행법을 정립하여 제시하는 것을 목적으로 한다.

지금까지 카발라 수행이 카발라 공부에 가까운 학문으로 이해되고 신의 비밀을 아는 것에 국한되었다면, 여기서는 카발라의 이론과 지식을 기반으로 학문이 아닌 실전형 수행체계로서 카발라 수행을 언급하고자 한다. 개념은 최소한으로 언급할 것이며 인도의 밀교 체계와 마찬가지로 모든 수행은 수행 테크닉이 중요한 것이 아니라 신의 뜻, 부처의 뜻이 농축되어 드러난 것이니 먼저 별도의 책으로 공부를 한 이후에 이 책에서 언급하는 수행법을 이해했으면 한다.

1 다이온 포춘, 『미스티컬 카발라』, 좋은글방, 2009.

2 채성훈, 조영선, 『타로카드와 카발라 레이키』, 출판현묘, 2019.

이 책에 나오는 수행체계는 모두 전수자에게 직접 권능 부여를 받아야 하며, 정보는 공개하나, 실질적인 것은 배워야 한다는 것이 원칙이다. 직접 할 수 없으나 알기만 하여도 의식의 확장이 일어날 것이며, 카발라를 이론 체계로 접근하여 '공부'로 이해하신 분들은 이러한 실전형 체계가 있음을 알아 의식의 또 다른 확장이 일어날 것으로 본다.

02

세피로트와 세피라에 대해

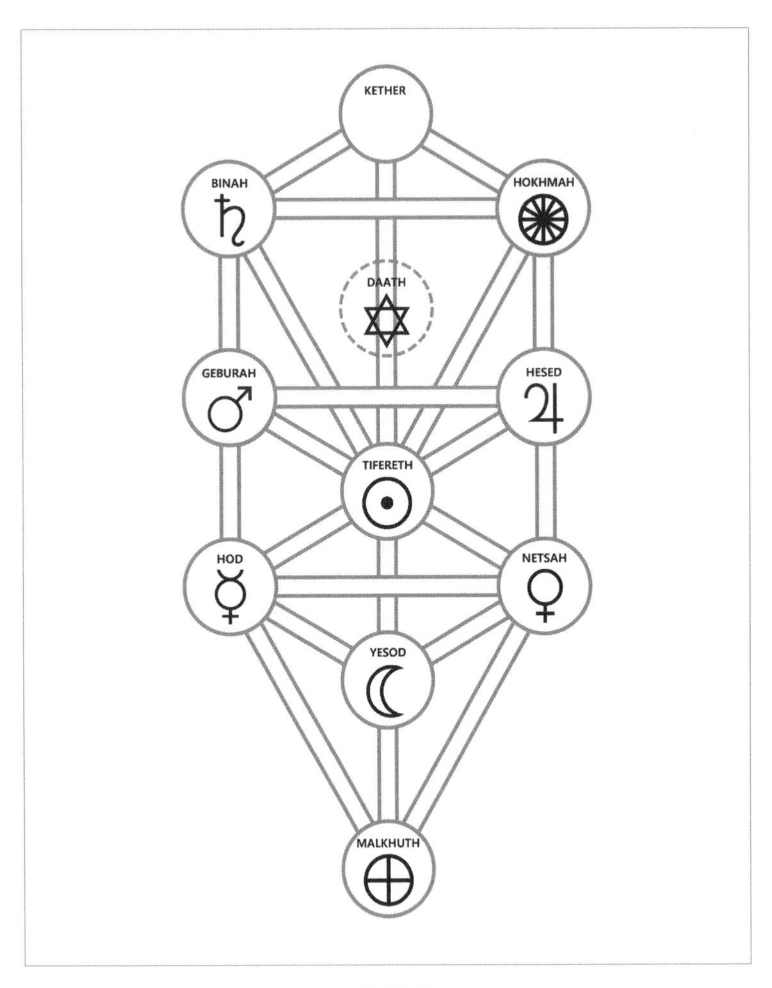

〈세피로트〉

세피로트는 10개의 구형(세피라라고 함)이 신의 창조 의지를 반영하여 물질계까지 현현하는 과정을 드러낸 것이다. 세피로트와 세피라의 기반되는 지식 내용은 일반적으로 말해지는 바를 참고하였으며, 강조하는 내용은 기울임 글자체로 표기하였다.

세피로트 첫 번째 시작점인 케테르는 '왕관'이라는 별칭이며, '최고의 지성' 혹은 '감춰진 지성'이라고 한다. 신의 명칭은 예흐예(Ehyeh)이다. 대천사는 메타트론이다.

케테르는 순수한 빛이므로 어떠한 점성 기호와 대응되지 않는다. 케테르의 순수한 빛은 세피라 호크마에 좀 더 구체화된다.

두 번째 세피라 호크마는 '지혜'를 뜻하며 '빛을 비추는 지성'이라 부른다. 신의 이름은 예호바(Jehova)이다. 대천사는 라지엘(Raziel)이다. 케테르의 순수한 빛이 지혜로서 구현화된다. 점성학 기호로는 12황도이다. 후술하는 점성학 기호를 보면 신의 지혜와 권능이 점차적으로 지구로 상징되는 물질계로 구현되고 있음을 알 것이다.

세 번째 세피라 비나는 '이해'를 뜻하며 '원초적 지혜의 토대'라고 부른다. 또한 '신앙의 창조주'라고 한다. 신앙이 여기서부터 시작된다고 한다. 비나의 신의 이름은 예호바 엘로힘(Jehovah

Elohim)이다. 대천사는 자프키엘(Tzaphkiel)이다. 점성학 기호로는 토성이다. 여기서 말하는 '이해'는 발산하는 지혜를, 창조하는 지혜를 스스로 수용하여 이해의 차원으로 격을 높여 실제적인 힘으로 작동한다는 것을 의미한다.

네 번째 세피라 헤세드는 '자비'이며, '수용적인 지성'이라고 부른다. 신의 이름은 엘(EL)이며, 대천사로는 자드키엘(Zadkiel)이다. 점성학 기호로는 목성이다.

다섯 번째 세피라 게부라는 '공의'를 뜻하며, '지성의 근원'이라 한다. 신의 이름은 엘로힘 기보르(Elohim Gibbor)이며, 대천사로는 카마엘(Khamael)이다. 점성학 기호로는 화성이다.

여섯째 세피라 티페레트는 '아름다움' '조화'를 뜻하며, 아담 혹은 인간이나 아들을 의미한다. 신의 이름은 '엘로아 베 다트'이며 대천사로는 라파엘(Raphael) 즉 신의 치유자이다. 점성학 기호로는 태양이다.

일곱 번째 세피라 네차흐는 '승리'를 뜻하며, 오컬트적 지성을 의미한다. 신의 이름은 예호바 체바오트(Jehovah Tzeva'oth) 만군의 주이며, 대천사로는 하니엘(Haniel) 즉 신의 은총이다. 점성학 기호로는 금성이다.

여덟 번째 세피라 호드는 '영광'이며, 절대적 지성 혹은 완벽한 지성이라고 부른다. 신의 이름은 엘로힘 체바오트(Elohim Tzeva'oth) 만군의 하느님이며, 대천사로는 미카엘(Michael) 즉 신 같은 자이다. 점성학 기호로는 수성이다.

아홉 번째 세피라 예소드는 '기초'이며, 순수한 지성이라 한다. 방출된 것을 정화하기 때문이다. 신의 이름은 샤다이 엘 하이(Shaddai EL Chai)이다. 대천사로는 가브리엘(Gabriel)이다. 말쿠트 직전의 단계로서 신의 계획과 그것을 이루기 위한 권능의 총집합이 마지막 단계 이전에 정화되고 정리되어 순수하게 응집되는 단계이다. 대천사로는 가브리엘이며, 점성학 기호로는 달이다.

열 번째 세피라 말쿠트는 '왕국'이며, 찬란한 지성이라 부른다. 신의 이름은 아도나이 멜렉(Adonai Melekh)이다. 대천사로는 산달폰(Sandalphon)이며, 점성학 기호로는 지구이다.

03
신의 이름과 우주의 4중 창조

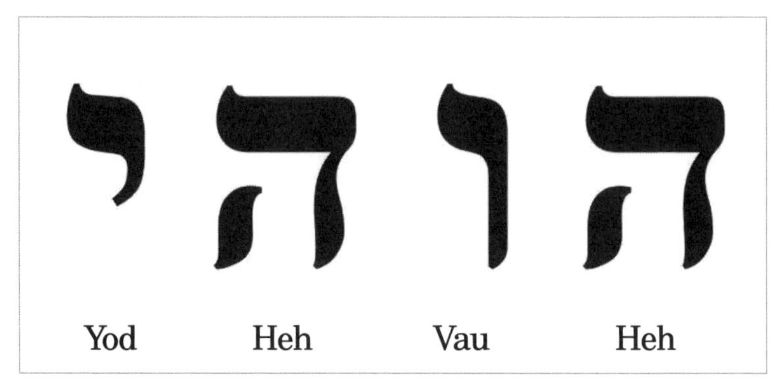

〈요드 헤 바브 헤 사진〉

신의 이름에 대해 신성한 네 글자 테트라그라마톤이 잘 알려져 있다. 테트라는 4개라는 뜻이며, 그라마톤은 문자이니 신성한 글자 4개라는 뜻인데 신의 이름을 간접적으로 칭한 것에 불과하다.

신의 이름은 요드(Yod)-헤(Heh)-바브(Vau)-헤(Heh) 즉 YHVH이다. 그러나 이 이름은 자음만 있는 형태라서 직접 발음은 할 수 없었다. 히브리인들은 신의 이름을 '아도나이' 즉 나의 주님이라는 뜻으로 읽었고, '그 이름'이라는 뜻의 '하셈'으로 치환해서 부르기도 하였다. 시간이 흘러 신의 이름을 발음으로 읽는 것은 잊

히게 되었고, 자음 4글자로만 신의 이름을 칭하게 되었다.

카발라적 우주론에서는 신의 창조역사가 4중으로 반복하여 중첩하여 생성되었다고 한다. 이를 4개의 세피로트를 배치하여 이해하였는데, 신의 이름 네 글자에 맞춰 이해하였다.

아치루트는 신의 설계이자 최초의 명령, 말씀인 것이다.

창세기를 살펴본다.

---

1 태초에 하나님이 천지를 창조하시니라

2 땅이 혼돈하고 공허하며 흑암이 깊음 위에 있고 하나님의 영은 수면 위에 운행하시니라

3 하나님이 이르시되 빛이 있으라 하시니 빛이 있었고

4 빛이 하나님이 보시기에 좋았더라 하나님이 빛과 어둠을 나누사

5 하나님이 빛을 낮이라 부르시고 어둠을 밤이라 부르시니라 저녁이 되고 아침이 되니 이는 첫째 날이니라

창세기 1장 1절부터 5절까지는 아치루트의 창조에 해당된다. 빛이자 불로 상징되는 것이며, 이때의 불은 원소상으로 이해되지만, 보다 고차원적인 불, 형태 없는 불에 해당된다.

6 하나님이 이르시되 물 가운데에 궁창이 있어 물과 물로 나뉘라 하시고
7 하나님이 궁창을 만드사 궁창 아래의 물과 궁창 위의 물로 나뉘게 하시니 그대로 되니라
8 하나님이 궁창을 하늘이라 부르시니라 저녁이 되고 아침이 되니 이는 둘째 날이니라

창세기 1장 6절부터 8장까지는 천지창조 이틀째 되는 날이며, 이때는 물과 물을 나누는 역사를 하셨다. 브리아(창조계)를 창조하신 것이며, 원소상으로는 물이나 창세기 1장 10절과 11절에 나오는 물과 다르다. 고차원적인 물에 해당되며, 신의 역사가 물로 상징될 뿐이다.

창세기 1장 12절부터의 바다와 뭍의 구분, 태양과 달의 창조들과 같은 신의 역사는 예치라(형성계)를 의미한다. 이는 원소상으로는 공기를 의미한다. 궁창이 나뉘고 땅과 뭍이 구분되었으니 원소상으로는 공기가 드러나는 것이고, 이때 신의 일꾼들 천사들이 구체적인 물질계 앗시야계를 형성하기 시작한다. 예치라계는 곧 신의 일꾼들인 천사들이 신의 설계와 지성과 권능을 물질화시키기 위해 형판을 제작하는 것으로 이해한다.

이후 물질계 앗시야가 현현한다.

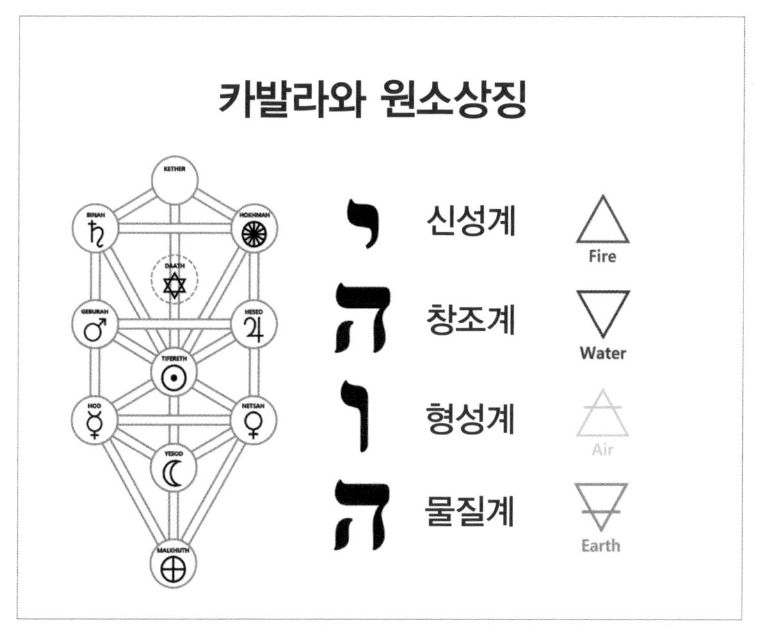

〈세피로트와 원소상징〉

아치루트는 요드이며, 원소상으로는 불이며, 색은 빨간색이다. 원소 기호로는 빨간색 삼각형이다.

브리야는 헤이며, 원소상으로는 물이며, 색은 파란색이다. 원소 기호로는 푸른색 역삼각형이다.

예치라는 바브이며, 원소상으로는 공기이며, 색은 노란색이다. 원소 기호로는 상단 1/3에 선이 그어진 노란색 삼각형이다.

앗시야는 헤이며, 원소상으로는 흙이며, 색은 초록색이며, 원소 기호로는 하단 1/3에 선이 그어진 초록색 역삼각형이다.

이 4중의 세계는 각각의 세피로트로 현현되며, 아치루트계의 세피로트에서 최하단의 말쿠트는 다음 브리야계의 세피로트의 케테르가 되고 브리야계의 말쿠트는 예치라계의 세피로트의 케테르가 된다. 이런 식으로 각 세피로트는 다음 세계의 원인이 되면서 다음 세피로트는 이전 세피로트의 결과이자 그다음 세피로트의 원인이 되면서 신의 창조는 4번 이루어지는 것이다.

04

기둥들과 삼각형들에 대해

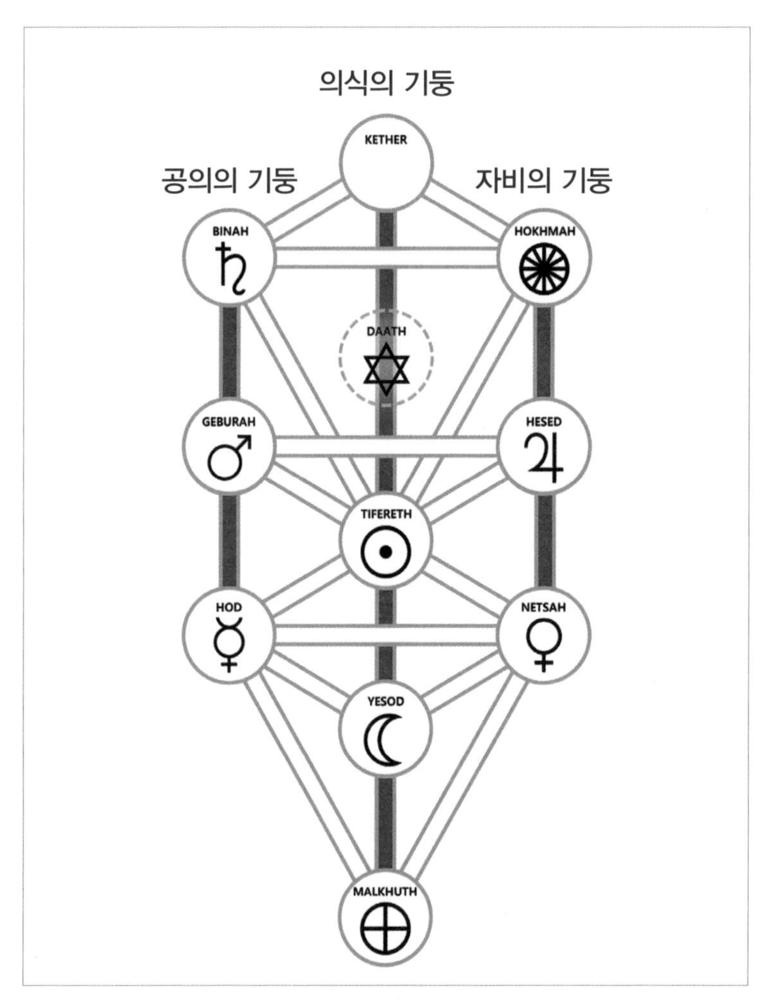

〈세피로트의 세 기둥〉

세피로트의 좌측과 우측 그리고 중앙 부분의 직선을 기둥으로 이해하여 세 개의 축으로 해석하기도 한다. 좌축은 비나-게부라-호드, 우축은 호크마-헤세드-네차흐, 중앙은 케테르- 티페레트- 말쿠트이다.

우축의 특성은 신의 지혜가 창조의 지혜로서 드러나면서 발산지(發散智)로서 드러나는 것이고, 특성상 양적인 것이다. 좌측 기둥은 발산지의 지혜가 이해의 차원에서 수렴하면서 정돈되어가는 것으로 음적인 것에 해당된다. 수렴과 정돈의 힘이 강하기에 응축적인 것이라고 볼 수 있으며, 이를 공의의 기둥 혹은 심판의 기둥이라고도 한다.

좌축을 여성적이라고 이해하는데, 부드러운 것에 초점이 있는 것이 아니라 정리하고 정돈하는 것이니 컷팅(cutting)에 초점이 있어 이를 힘으로 이해한 것이다.

좌측, 우측 그리고 중앙의 개념은 인체에도 적용될 수 있다. 인간은 좌우 대칭의 양손과 양발을 갖고 있고, 신체 장기들이 좌우대칭으로 되어 있는 것처럼 세피로트의 체계는 인체에 그대로 적용될 수 있는 것이다.

다만 이때는 좌우가 반대로 배치되어 호크마는 신체 중에서는 왼눈에 배치되고, 오른쪽이 비나에 해당되는 것이다.

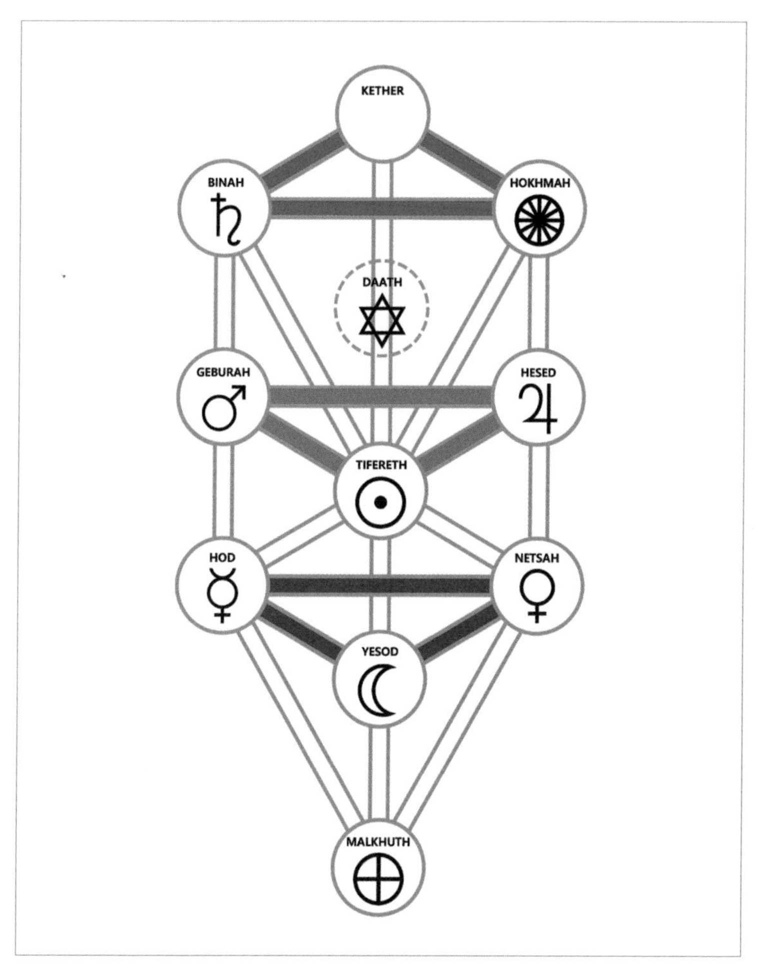

〈천상의 삼각형, 도덕의 삼각형, 마법의 삼각형〉

상반된 영향력을 행사하는 양쪽 기둥의 세피라와 그를 중재하는 가운데 기둥의 세피라를 세 쌍씩 묶어 삼각형이라 칭한다.

케테르, 호크마, 비마를 묶은 삼각형을 천상의 삼각형이라고 하며
헤세드, 게부라, 티페레트를 묶은 삼각형을 도덕의 삼각형이라고 하며
네차흐, 호드, 예소드를 묶은 삼각형을 마법의 삼각형이라고 한다.

이 삼각형들은 이미 이름에 그 속성들이 잘 녹여져 있다고 본다. 천상의 삼각형은 찬미를 뜻하며, 도덕의 삼각형은 그 당위성을 증명하며, 마법의 삼각형은 신의 지혜가 마법적 지혜로서 실제적인 것으로 드러나는 것을 의미한다.

05
카발라 실전체계에 대한 전반적 리뷰

4중 세피로트는 각각의 인간의 신성체(빛체), 창조체(설계체), 형성체(근원적 영, 아스트랄체 이상의 파동체), 물질체(혼체, 에테르체, 물질적 육체)까지의 형판들의 체계를 의미하며, 이 4중 세피로트 수행을 꾸준히 함으로써 에너지의 정렬, 에너지체의 축정립, 신이 원래 설계한 형판의 복구가 가능하다.

이 실전형 수행체계에서는 4중 세피로트 각각마다 한글로 된 선언이 있는데, 이는 신의 여러 속성을 의미한다. 아치루트 신성계 세피로트는 신의 여러 권능을 기준으로 한 이스라엘인들이 불렀던 신의 이름이며 브리야 창조계 세피로트는 신의 기능적 부분으로 신의 한 단면을 말하는 것이고 예치라 형성계 세피로트는 신의 일꾼인 천사들의 이름으로 신을 느끼는 것, 말쿠트 물질계 세피로트는 세피라의 원래 의미들을 선언하는 의미를 지닌다.

그리고 히브리어로 구성된 주문이 있고 뒤에 '아멘'이라고 후렴구가 있다. 이는 기도의 후렴구이다. 신의 뜻이 나를 통해 이뤄질 것이라는 의미이기도 하다. 내가 더 높은 곳으로 가는 것이 아니라 신의 은총을 받는다는 것, 신이 원래 계획한 설계대로 흐른다는 것을 의미한다.

세피로트를 인체와 겹쳐보면 오른눈부터 호크마인데, 인체에 배속시키는 세피로트는 왼눈부터 호크마로 시작한다.

신의 이름, 신성한 네 글자 테트라그라마톤의 '요드 헤 바브 헤'는 각각 4중 세피로트를 의미하며, 처음 관을 진행할 때 해당 글자로부터 각 이미지가 시작된다. 세피라의 상징은 점성학 기호인 12황도, 7행성, 지구 상징을 쓰게 된다.

각 수행체계는 상위계의 허락을 받았으며 적합한 전수자가 인연이 있는 자에게 전수하게 된다. 혼자서는 할 수 없게 되어 있다.

후술하는 4중 세피로트 수행은 다음과 같이 진행된다.

아치루트 세피로트는 신의 이름으로 구성되어 있다.

브리아 세피로트는 성경에 나오는 12개의 보석들, 신의 영광을 드러내는 찬미의 헌사품을 보석이라 보면 이 보석의 히브리어로 구성되어 있다.

예치라 세피로트는 각 세피라를 담당하는 천사들의 이름으로 구현되어 있다.

말쿠트 세피로트는 각 세피라의 원래 이름으로 구현되어 있다.

06
신성계 싯디 매뉴얼과 전수 체계

신성 싯디는 아치루트 세피로트를 케테르부터 말쿠트까지 세피로트의 형태로 순차적으로 관하는 수행이다.

천상의 삼각형, 도덕의 삼각형, 마법의 삼각형의 입문선언을 해야 하며, 전수자가 아래 기도문을 각각 읽게 한다.

신성계 천상의 삼각형 케테르 호크마 비마의 입문을 선언합니다.
신성한 네 글자 테트라그라마톤의 '요드'에 입문합니다.

하늘에 계신 우리 아버지
아버지의 이름이 거룩히 빛나시며, – 찬미, 지극한 사랑의 파동–세라핌 /천상의 삼각형
아버지의 나라가 오시며, – 임재함에 대한 갈구, 염원과 갈구함의 파동 / 도덕의 삼각형
아버지의 뜻이 하늘에서와 같이
땅에서도 이루어지소서. – 구현의 파동 / 마법의 삼각형

오늘 저희에게 일용할 양식을 주시고, (양식은 복음, 세피로트가 드러내는 진리)
저희에게 잘못한 이를 저희가 용서하오니
저희 죄를 용서하시고,
저희를 유혹에 빠지지 않게 하시고, (세피로트의 특정 세피라의 과용, 남용, 결핍)
악에서 구하소서.
아멘

신성계 도덕의 삼각형 헤세드 게브라 티페레트의 입문을 선언합니다.
신성한 네 글자 테트라그라마톤의 '헤'에 입문합니다.

하늘에 계신 우리 아버지
아버지의 이름이 거룩히 빛나시며, – 찬미, 지극한 사랑의 파동–세라핌 /천상의 삼각형
아버지의 나라가 오시며, – 임재함에 대한 갈구, 염원과 갈구함의 파동 / 도덕의 삼각형
아버지의 뜻이 하늘에서와 같이
땅에서도 이루어지소서. – 구현의 파동 / 마법의 삼각형

오늘 저희에게 일용할 양식을 주시고, (양식은 복음, 세피로트가 드러내는 진리)
저희에게 잘못한 이를 저희가 용서하오니
저희 죄를 용서하시고,
저희를 유혹에 빠지지 않게 하시고, (세피로트의 특정 세피라의 과용, 남용, 결핍)
악에서 구하소서.
아멘

신성계 마법의 삼각형 네차흐 호드 예소드의 입문을 선언합니다.
신성한 네 글자 테트라그라마톤의 '바브'에 입문합니다.

하늘에 계신 우리 아버지
아버지의 이름이 거룩히 빛나시며, – 찬미, 지극한 사랑의 파동–세라핌 /천상의 삼각형
아버지의 나라가 오시며, – 임재함에 대한 갈구, 염원과 갈구함의 파동 / 도덕의 삼각형
아버지의 뜻이 하늘에서와 같이
땅에서도 이루어지소서. – 구현의 파동 / 마법의 삼각형

오늘 저희에게 일용할 양식을 주시고, (양식은 복음, 세피로트가 드러내는 진리)
저희에게 잘못한 이를 저희가 용서하오니
저희 죄를 용서하시고,
저희를 유혹에 빠지지 않게 하시고, (세피로트의 특정 세피라의 과용, 남용, 결핍)
악에서 구하소서.
아멘

신성계 말쿠트에 입문합니다.
신성한 네 글자 테트라그라마톤의 '헤'에 입문합니다 .

하늘에 계신 우리 아버지
아버지의 이름이 거룩히 빛나시며, – 찬미, 지극한 사랑의 파동–세라핌 /천상의 삼각형
아버지의 나라가 오시며, – 임재함에 대한 갈구, 염원과 갈구함의 파동 / 도덕의 삼각형
아버지의 뜻이 하늘에서와 같이
땅에서도 이루어지소서. – 구현의 파동 / 마법의 삼각형

오늘 저희에게 일용할 양식을 주시고, (양식은 복음, 세피로트가 드러내는 진리)
저희에게 잘못한 이를 저희가 용서하오니
저희 죄를 용서하시고,
저희를 유혹에 빠지지 않게 하시고, (세피로트의 특정 세피라의 과용, 남용, 결핍)
악에서 구하소서.
아멘

이렇게 네 번의 주기도문을 외우는데, 이 주기도문은 옆에 간단히 적은 바와 같이 비의적인 의미가 있다고 하겠다. 주기도문을 외우면서 찬미, 당위, 구현을 위한 의지까지 세피로트의 각 세 개의 세피라들이 천상의 삼각형, 도덕의 삼각형, 마법의 삼각형으로 의미가 구현되어 있다.

신성계 세피로트 하나에 요드-헤-바브-헤의 신성한 글자 4개에 대한 입문 선언이 있으며, 이를 외우고 나서 카발라 실전 체계에 입문을 할 수 있게 한다. 입문이 완료되면 수행자는 신성싯디를 할 수 있게 된다. 아치루트는 불의 속성이고, 그 색은 빨간색이고, 형상으로는 삼각형이다. 세피로트의 세피라들의 상징들은 테트라그라마톤의 네 글자 중 '요드'가 원으로 변화하고 '삼각형'으로 변화하고 '각 행성의 기호'로 순차적으로 변한다. 그리고 내 몸이 세피로트가 됨을 관한다.

선언을 외우고 신에 대한 여러 호칭들을 말로 언급하면서 관하면 된다.

■ **케테르**

선언: 나는 이미 존재하였고, 지금도 존재하며, 앞으로도 존재하는 영원한 존재, 예흐예.

엘 예흐예 아쉐르 예흐예 아멘

투명한 점, 투명한 빛의 파동

■ **호크마** (왼눈)

선언: 나는 신성한 4글자 자체인 테트라그라마톤, 천상의 아버지, 요드헤바브헤.

엘 요드헤바브헤 아멘

순수한 옅은 파란색, 푸른색 광휘가 빛살의 형태로 뻗어져 나온다.

요드→ 원형→ 안의 빨간색 삼각형→ 순수한 옅은 파란색 12망성

■ **비나**(오른눈)

선언: 나는 창조의 그릇이며, 구현된 지혜, 지극히 높은 어머니, 예호바 엘로힘

엘 예호바엘로힘 아멘

요드→ 원형→ 안의 빨간색 삼각형→ 흐림 처리가 된 진홍색구 토성 글자 새턴

■ **헤세드**(왼쪽 허파 뒤)

선언: 나는 피조물에 대한 사랑의 하나님, 엘

엘 엘 아멘

요드→ 원형→ 안의 빨간색 삼각형→ 짙은 보라색 목성 글자 주피터

■ **게브라**(오른쪽 허파 뒤)

선언: 나는 심판으로 조화를 이루는, 파괴로 질서를 구현하는 권능의 지존자, 엘로힘 기보르

엘 엘로힘 기보르 아멘

요드→ 원형→ 안의 빨간색 삼각형→ 오렌지색 화성 글자 마르스

■ **티페르트**(심장)

선언: 우주의 균형자, 나는 테트라그라마톤 엘로아 베다트

엘 테트라그라마톤 엘로아 베다트 아멘

요드→ 원형→ 안의 빨간색 삼각형→ 선명한 장밋빛 핑크색 태양 글자 선

■ **네차흐** (왼쪽 신장)

선언: 나는 찬란한 광채로 승리를 증명하는 만군의 주, 예호바 체바오트

엘 예호바 체바오트 아멘

요드→ 원형→ 안의 빨간색 삼각형→ 호박색 금성 글자 비너스

■ **호드** (오른쪽 신장)

선언: 나는 절대적 지성, 완벽한 지성을 구현시키는 자, 만군의 주, 엘로힘 체바오트

엘 엘로힘 체바오트 아멘

요드→ 원형→ 안의 빨간색 삼각형→ 보랏빛 자주색 수성 글자 머큐리

■ **예소드** (생식기)

선언: 나는 순수한 지성, 완전한 것을 더욱 완전하게 구현해내는 자, 살아계신 전능한 신, 샤다이 엘 하이

엘 샤다이 엘 하이 아멘

요드→ 원형→ 안의 빨간색 삼각형→ 남색 달 글자 문

■ **말쿠트** (발)

선언: 나는 찬란한 지성, 모든 머리 위에 있는 자, 대지의 주님, 왕 되신 주님, 아도나이 멜렉

엘 아도나이 멜렉 아멘

요드→ 원형→ 안의 빨간색 삼각형→ 노란색 지구 사방향으로 나누어진 원

07
창조계 싯디 매뉴얼과 전수 체계, 보석으로 장엄한 창조계

창조계 싯디는 브리야 세피로트를 케테르부터 말쿠트까지 세피로트의 형태로 순차적으로 관하는 수행이다.

천상의 삼각형, 도덕의 삼각형, 마법의 삼각형의 입문선언을 해야 하며, 전수자가 아래 기도문을 각각 읽게 한다.

창조계 천상의 삼각형 케테르 호크마 비마의 입문을 선언합니다.
신성한 네 글자 테트라그라마톤의 '요드'에 입문합니다.

하늘에 계신 우리 아버지
아버지의 이름이 거룩히 빛나시며, – 찬미, 지극한 사랑의 파동–세라핌 /천상의 삼각형
아버지의 나라가 오시며, – 임재함에 대한 갈구, 염원과 갈구함의 파동 / 도덕의 삼각형
아버지의 뜻이 하늘에서와 같이
땅에서도 이루어지소서. – 구현의 파동 / 마법의 삼각형

오늘 저희에게 일용할 양식을 주시고, (양식은 복음, 세피로트가 드러내는 진리)
저희에게 잘못한 이를 저희가 용서하오니
저희 죄를 용서하시고,
저희를 유혹에 빠지지 않게 하시고, (세피로트의 특정 세피라의 과용, 남용, 결핍)
악에서 구하소서.
아멘

창조계 도덕의 삼각형 헤세드 게브라 티페레트의 입문을 선언합니다.
신성한 네 글자 테트라그라마톤의 '헤'에 입문합니다.

하늘에 계신 우리 아버지
아버지의 이름이 거룩히 빛나시며, – 찬미, 지극한 사랑의 파동–세라핌 /천상의 삼각형
아버지의 나라가 오시며, – 임재함에 대한 갈구, 염원과 갈구함의 파동 / 도덕의 삼각형
아버지의 뜻이 하늘에서와 같이
땅에서도 이루어지소서. – 구현의 파동 / 마법의 삼각형

오늘 저희에게 일용할 양식을 주시고, (양식은 복음, 세피로트가 드러내는 진리)
저희에게 잘못한 이를 저희가 용서하오니
저희 죄를 용서하시고,
저희를 유혹에 빠지지 않게 하시고, (세피로트의 특정 세피라의 과용, 남용, 결핍)
악에서 구하소서.
아멘

창조계 마법의 삼각형 네차흐 호드 예소드의 입문을 선언합니다.
신성한 네 글자 테트라그라마톤의 '바브'에 입문합니다.

하늘에 계신 우리 아버지
아버지의 이름이 거룩히 빛나시며, – 찬미, 지극한 사랑의 파동–세라핌 /천상의 삼각형
아버지의 나라가 오시며, – 임재함에 대한 갈구, 염원과 갈구함의 파동 / 도덕의 삼각형
아버지의 뜻이 하늘에서와 같이
땅에서도 이루어지소서. – 구현의 파동 / 마법의 삼각형

오늘 저희에게 일용할 양식을 주시고, (양식은 복음, 세피로트가 드러내는 진리)
저희에게 잘못한 이를 저희가 용서하오니
저희 죄를 용서하시고,
저희를 유혹에 빠지지 않게 하시고, (세피로트의 특정 세피라의 과용, 남용, 결핍)
악에서 구하소서.
아멘

창조계 말쿠트에 입문합니다.

신성한 네 글자 테트라그라마톤의 '헤'에 입문합니다 .

하늘에 계신 우리 아버지
아버지의 이름이 거룩히 빛나시며, – 찬미, 지극한 사랑의 파동–세라핌 /천상의 삼각형
아버지의 나라가 오시며, – 임재함에 대한 갈구, 염원과 갈구함의 파동 / 도덕의 삼각형
아버지의 뜻이 하늘에서와 같이
땅에서도 이루어지소서. – 구현의 파동 / 마법의 삼각형

오늘 저희에게 일용할 양식을 주시고, (양식은 복음, 세피로트가 드러내는 진리)
저희에게 잘못한 이를 저희가 용서하오니
저희 죄를 용서하시고,
저희를 유혹에 빠지지 않게 하시고, (세피로트의 특정 세피라의 과용, 남용, 결핍)
악에서 구하소서.
아멘

이렇게 네 번의 주기도문을 외우는데, 이 주기도문은 옆에 간단히 적은 바와 같이 비의적인 의미가 있다고 하겠다.

창조계 세피로트 하나에 요드-헤-바브-헤의 신성한 글자 4개에 대한 입문 선언이 있으며, 이를 외우고 나서 카발라 실전 체계에 입문을 할 수 있게 한다. 브리야는 물의 속성이고, 그 색은 푸른색이고, 형상으로는 푸른색 역삼각형이니 세피로트의 세피라들의 상징들은 테트라그라마톤의 네 글자 중 '헤'가 원으로 변화하고 '푸른색 역삼각형'으로 변화하고 그것이 '각 행성의 기호'로 순차적으로 변한다. 내 몸이 세피로트가 됨을 관한다.

선언을 외우고 성경에 나오는 여러 보석들의 명칭들을 말로 언급하면서 관하면 된다. 이 보석들은 에스겔서 28장 13절과 출애굽기 28장 15절~29절 사이의 문구들을 참고하면 된다.

■ 케테르

선언 : 나는 존재하지 않는 머리, 보이지 않는 빛, 엘 야할롬

엘 야할롬(yahălôm) 조하르(광채) 아멘 (다이아몬드)

헤→ 원형→ 푸른색 역삼각형→ 투명한 광휘

■ 호크마

선언 : 나는 빛을 비추는 지성, 엘 노페크

엘 노페크(nôphek) 조하르(광채) 아멘 (터키석)

헤→ 원형→ 푸른색 역삼각형→ 백색 광휘(회색빛) 12망성

■ 비나

선언 : 나는 정화하는 지성, 원초적 지혜의 토대, 엘 다르다

엘 다르다(Darda') 조하르 아멘 (진주)

헤→ 원형→ 푸른색 역삼각형→ 진주빛이 흑진주빛으로 변함 토성 글자 새턴

■ **헤세드**

선언 : 나는 창조하여 사랑하는 자, 엘 사피르

엘 사피르(çappîyr) 조하르 아멘 (사파이어)

헤→ 원형→ 푸른색 역삼각형→ 사파이어 빛 목성 글자 주피터

■ **게부라**

선언 : 나는 공의(公義)로서 조화를 이루는 자, 엘 오뎀

엘 오뎀(ôdem) 조하르 아멘 (홍옥)

헤→원형→푸른색 역삼각형→ 루비의 빛 화성 글자 마르스

■ **티페레트**

선언 : 나는 우주의 균형자, 조화자, 엘 메이자하르

엘 메이 자하브(Mêy Zâhâb) 조하르 아멘 (골드)

헤→ 원형→ 푸른색 역삼각형→ 골드의 빛 태양 글자

■ **네차흐**

선언 : 나는 승리를 쟁취하여 광휘로 장엄하는 자, 엘 바레케트

엘 바레케트(bareqeth) 조하르 아멘 (녹주석)

헤→ 원형→ 푸른색 역삼각형→ 에메랄드 빛 금성 글자 비너스

■ **호드**

선언 : 나는 나의 완전함을 영광으로 증거하는 자, 엘 레셈

엘 레셈(leshem) 조하르 아멘 (호박)

헤→ 원형→ 푸른색 역삼각형→ 노란색이 감도는 주황색 수성 글자 머큐리

■ **예소드**

선언 : 나는 나의 의지를 완벽히 반영하는 지성으로 정화하는 자, 엘 케세프

엘 케세프(keçeph) 조하르 아멘 (은)

헤→ 원형→ 푸른색 역삼각형→ 은빛의 오라장이 감도는 보라색, 달의 글자 문

■ **말쿠트**

선언 : 나는 모든 빛에 광채를 더하여 완전함을 더욱 완전하게 하는 자, 엘 제쿠키스

엘 제쿠키스(zekûwkîyth) 조하르 아멘 (수정)

헤→ 원형→ 푸른색 역삼각형→ 투명한 글자, 맑은 크리스탈빛, 지구의 글자 어스

08
형성계 싯디 매뉴얼과 전수 체계

형성계 싯디는 예치라 세피로트를 케테르부터 말쿠트까지 세피로트의 형태로 순차적으로 관하는 수행이다.

천상의 삼각형, 도덕의 삼각형, 마법의 삼각형의 입문선언을 해야 하며, 전수자가 아래 기도문을 각각 읽게 한다.

형성계 천상의 삼각형 케테르 호크마 비마의 입문을 선언합니다.
신성한 네 글자 테트라그라마톤의 '요드'에 입문합니다 .

하늘에 계신 우리 아버지
아버지의 이름이 거룩히 빛나시며, – 찬미, 지극한 사랑의 파동–세라핌 /천상의 삼각형
아버지의 나라가 오시며, – 임재함에 대한 갈구, 염원과 갈구함의 파동 / 도덕의 삼각형
아버지의 뜻이 하늘에서와 같이
땅에서도 이루어지소서. – 구현의 파동 / 마법의 삼각형

오늘 저희에게 일용할 양식을 주시고, (양식은 복음, 세피로트가 드러내는 진리)
저희에게 잘못한 이를 저희가 용서하오니
저희 죄를 용서하시고,
저희를 유혹에 빠지지 않게 하시고, (세피로트의 특정 세피라의 과용, 남용, 결핍)
악에서 구하소서.
아멘

형성계 도덕의 삼각형 헤세드 게브라 티페레트의 입문을 선언합니다. 신성한 네 글자 테트라그라마톤의 '헤'에 입문합니다.

하늘에 계신 우리 아버지
아버지의 이름이 거룩히 빛나시며, – 찬미, 지극한 사랑의 파동–세라핌 /천상의 삼각형
아버지의 나라가 오시며, – 임재함에 대한 갈구, 염원과 갈구함의 파동 / 도덕의 삼각형
아버지의 뜻이 하늘에서와 같이
땅에서도 이루어지소서. – 구현의 파동 / 마법의 삼각형

오늘 저희에게 일용할 양식을 주시고, (양식은 복음, 세피로트가 드러내는 진리)
저희에게 잘못한 이를 저희가 용서하오니
저희 죄를 용서하시고,
저희를 유혹에 빠지지 않게 하시고, (세피로트의 특정 세피라의 과용, 남용, 결핍)
악에서 구하소서.
아멘

형성계 마법의 삼각형 네차흐 호드 예소드의 입문을 선언합니다. 신성한 네 글자 테트라그라마톤의 '바브'에 입문합니다.

하늘에 계신 우리 아버지
아버지의 이름이 거룩히 빛나시며, – 찬미, 지극한 사랑의 파동–세라핌 /천상의 삼각형
아버지의 나라가 오시며, – 임재함에 대한 갈구, 염원과 갈구함의 파동 / 도덕의 삼각형
아버지의 뜻이 하늘에서와 같이
땅에서도 이루어지소서. – 구현의 파동 / 마법의 삼각형

오늘 저희에게 일용할 양식을 주시고, (양식은 복음, 세피로트가 드러내는 진리)
저희에게 잘못한 이를 저희가 용서하오니
저희 죄를 용서하시고,
저희를 유혹에 빠지지 않게 하시고, (세피로트의 특정 세피라의 과용, 남용, 결핍)
악에서 구하소서.
아멘

형성계 말쿠트에 입문합니다.
신성한 네 글자 테트라그라마톤의 '헤'에 입문합니다.

하늘에 계신 우리 아버지
아버지의 이름이 거룩히 빛나시며, – 찬미, 지극한 사랑의 파동–세라핌 /천상의 삼각형
아버지의 나라가 오시며, – 임재함에 대한 갈구, 염원과 갈구함의 파동 / 도덕의 삼각형
아버지의 뜻이 하늘에서와 같이
땅에서도 이루어지소서. – 구현의 파동 / 마법의 삼각형

오늘 저희에게 일용할 양식을 주시고, (양식은 복음, 세피로트가 드러내는 진리)
저희에게 잘못한 이를 저희가 용서하오니
저희 죄를 용서하시고,
저희를 유혹에 빠지지 않게 하시고, (세피로트의 특정 세피라의 과용, 남용, 결핍)
악에서 구하소서.
아멘

이렇게 네 번의 주기도문을 외우는데, 이 주기도문은 옆에 간단히 적은 바와 같이 비의적인 의미가 있다고 하겠다.

형성계 세피로트 하나에 요드-헤-바브-헤의 신성한 글자 4개에 대한 입문 선언이 있으며, 이를 외우고 나서 카발라 실전 체계에 입문을 할 수 있게 한다. 입문이 완료되면 수행자는 형성계 싯디를 할 수 있게 된다. 예치라는 공기의 속성이고, 그 색은 노란색이고, 형상으로는 '선이 그어진 노란색의 삼각형'이니 세피로트의 세피라들의 상징들은 테트라그라마톤의 네 글자 중 '바브'가 원으로 변화하고 '선이 그어진 노란색의 삼각형'으로 변화하고 그것이 '각 행성의 기호'로 변화하는 것을 순차적으로 변한다. 내

몸이 세피로트가 됨을 관한다.

예치라 세피로트는 신의 명령(아치루트), 설계(브리아)를 통해 직접적으로 물질적 왕국을 구현하기 위해 신의 일꾼들(천사)이 일하는 것이다.

■ **케테르**

선언 : 나는 야훼, 메타트론이다.

엘 메타트론 아멘

바브→ 원형→ 상단 1/3에 선이 그어진 노란색 삼각형 - 순백색 광휘의 점

■ **호크마**

엘 라지엘 아멘

선언 : 나는 신의 비밀이자 최고의 신비의 천사 라지엘. 무지갯빛

바브 → 원형 → 상단 1/3에 선이 그어진 노란색 삼각형 → 무지갯빛 12망성

■ **비나**

선언 : 나는 신에 대한 완전한 이해로서 신을 찬미하는 자, 자프키엘

엘 자프키엘 아멘

바브→ 원형→ 상단 1/3에 선이 그어진 노란색 삼각형→ 어두운 갈색 새턴

■ **헤세드**

선언 : 나는 신의 사랑 차드키엘

엘 차드키엘 아멘

바브→ 원형→ 상단 1/3에 선이 그어진 노란색 삼각형→ 짙은 자주색 주피터

■ **게부라**

선언 : 나는 신을 보는 자, 공의로서 심판하여 악을 파멸시키는 자 카마엘

엘 카마엘 아멘

바브→ 원형→ 상단 1/3에 선이 그어진 노란색 삼각형→ 밝은 선홍색 마르스

■ **티페레트**

선언 : 나는 하나님의 약, 하나님의 치유자인 라파엘

엘 라파엘 아멘

바브→ 원형→ 상단 1/3에 선이 그어진 노란색 삼각형→ 핑크빛

태양 상징

■ **네차흐**

선언 : 나는 신의 영광을 드러내는 자 하니엘

엘 하니엘 아멘

바브→ 원형→ 상단 1/3에 선이 그어진 노란색 삼각형→ 밝은 연두색 비너스

■ **호드**

선언 : 나는 누구도 대적할 수 없는 그분, 하나님을 증거하는 자 미카엘

엘 미카엘 아멘

바브→ 원형→ 상단 1/3에 선이 그어진 노란색 삼각형→ 적갈색 머큐리

■ **예소드**

선언 : 나는 영웅 하나님, 강한 하나님을 증거하는 자 가브리엘

엘 가브리엘 아멘

바브→ 원형→ 상단 1/3에 선이 그어진 노란색 삼각형→ 매우 어두운 자주색 달

■ **말쿠트**

선언 : 나는 믿음의 천사, 나의 온 마음을 다하여 경배하는 산달폰 엘 산달폰 아멘

바브→ 원형→ 상단 1/3에 선이 그어진 노란색 삼각형→ 레몬색 지구의 상징

09

물질계 싯디 매뉴얼과 전수 체계

물질계 싯디는 앗시야 세피로트를 케테르부터 말쿠트까지 세피로트의 형태로 순차적으로 관하는 수행이다.

천상의 삼각형, 도덕의 삼각형, 마법의 삼각형의 입문선언을 해야 하며, 전수자가 아래 기도문을 각각 읽게 한다.

물질계 천상의 삼각형 케테르 호크마 비마의 입문을 선언합니다.
신성한 네글자 테트라그라마톤의 '요드'에 입문합니다 .

하늘에 계신 우리 아버지
아버지의 이름이 거룩히 빛나시며, – 찬미, 지극한 사랑의 파동–세라핌 /천상의 삼각형
아버지의 나라가 오시며, – 임재함에 대한 갈구, 염원과 갈구함의 파동 / 도덕의 삼각형
아버지의 뜻이 하늘에서와 같이
땅에서도 이루어지소서. – 구현의 파동 / 마법의 삼각형

오늘 저희에게 일용할 양식을 주시고, (양식은 복음, 세피로트가 드러내는 진리)
저희에게 잘못한 이를 저희가 용서하오니
저희 죄를 용서하시고,
저희를 유혹에 빠지지 않게 하시고, (세피로트의 특정 세피라의 과용, 남용, 결핍)
악에서 구하소서.
아멘

물질계 도덕의 삼각형 헤세드 게브라 티페레트의 입문을 선언합니다.
신성한 네 글자 테트라그라마톤의 '헤'에 입문합니다.

하늘에 계신 우리 아버지
아버지의 이름이 거룩히 빛나시며, – 찬미, 지극한 사랑의 파동–세라핌 /천상의 삼각형
아버지의 나라가 오시며, – 임재함에 대한 갈구, 염원과 갈구함의 파동 / 도덕의 삼각형
아버지의 뜻이 하늘에서와 같이
땅에서도 이루어지소서. – 구현의 파동 / 마법의 삼각형

오늘 저희에게 일용할 양식을 주시고, (양식은 복음, 세피로트가 드러내는 진리)
저희에게 잘못한 이를 저희가 용서하오니
저희 죄를 용서하시고,
저희를 유혹에 빠지지 않게 하시고, (세피로트의 특정 세피라의 과용, 남용, 결핍)
악에서 구하소서.
아멘

물질계 마법의 삼각형 네차흐 호드 예소드의 입문을 선언합니다. 신성한 네 글자 테트라그라마톤의 '바브'에 입문합니다.

하늘에 계신 우리 아버지
아버지의 이름이 거룩히 빛나시며, – 찬미, 지극한 사랑의 파동–세라핌 /천상의 삼각형
아버지의 나라가 오시며, – 임재함에 대한 갈구, 염원과 갈구함의 파동 / 도덕의 삼각형
아버지의 뜻이 하늘에서와 같이
땅에서도 이루어지소서. – 구현의 파동 / 마법의 삼각형

오늘 저희에게 일용할 양식을 주시고, (양식은 복음, 세피로트가 드러내는 진리)
저희에게 잘못한 이를 저희가 용서하오니
저희 죄를 용서하시고,
저희를 유혹에 빠지지 않게 하시고, (세피로트의 특정 세피라의 과용, 남용, 결핍)
악에서 구하소서.
아멘

물질계 말쿠트에 입문합니다.
신성한 네 글자 테트라그라마톤의 '헤'에 입문합니다.

하늘에 계신 우리 아버지
아버지의 이름이 거룩히 빛나시며, – 찬미, 지극한 사랑의 파동–세라핌 /천상의 삼각형
아버지의 나라가 오시며, – 임재함에 대한 갈구, 염원과 갈구함의 파동 / 도덕의 삼각형
아버지의 뜻이 하늘에서와 같이
땅에서도 이루어지소서. – 구현의 파동 / 마법의 삼각형

오늘 저희에게 일용할 양식을 주시고, (양식은 복음, 세피로트가 드러내는 진리)
저희에게 잘못한 이를 저희가 용서하오니
저희 죄를 용서하시고,
저희를 유혹에 빠지지 않게 하시고, (세피로트의 특정 세피라의 과용, 남용, 결핍)
악에서 구하소서.
아멘

이렇게 네 번의 주기도문을 외우는데, 이 주기도문은 옆에 간단히 적은 바와 같이 비의적인 의미가 있다고 하겠다.

물질계 세피로트 하나에 요드-헤-바브-헤의 신성한 글자 4개에 대한 입문 선언이 있으며, 이를 외우고 나서 카발라 실전 체계에 입문을 할 수 있게 한다. 입문이 완료되면 수행자는 물질계 싯디를 할 수 있게 된다. 앗시야는 대지의 속성이고, 그 색은 녹색이고, 형상으로는 '선이 그어진 녹색의 역삼각형'이니 세피로트의 세피라들의 상징들은 테트라그라마톤의 네 글자 중 '헤'가 원으로 변화하고 '선이 그어진 녹색의 역삼각형'으로 변화하고 그것이 '각 행성의 기호'로 변화하는 것을 순차적으로 변한다. 내 몸이 세피로트가 됨을 관한다.

이때 선언은 각 세피라의 원래 의미를 읽는 것으로 한다.

■ 케테르

선언 : 나는 숨겨진 빛 감춰진 지성 케테르

엘 케테르 아멘

헤 → 원형 → 하단 1/3에 선이 그어진 녹색 역삼각형 → 금색 광휘가 서린 흰빛

■ 호크마

선언 : 나는 빛을 비추는 지성 호크마

엘 호크마 아멘

헤→ 원형→ 하단 1/3에 선이 그어진 녹색 역삼각형→ 무지갯빛의 은빛12망성

■ 비나

선언 : 나는 원초적 지혜의 토대 비나

엘 비나 아멘

헤→ 원형→ 하단 1/3에 선이 그어진 녹색 역삼각형→ 핑크색이 비치는 은색 토성

■ **헤세드**

선언 : 나는 친화력이 있고 사랑의 지성 헤세드

엘 헤세드 아멘

헤 → 원형 → 하단 1/3에 선이 그어진 녹색 역삼각형 → 금가루 하늘색 주피터

■ **게부라**

선언 : 나는 정리하는 지성 게부라

엘 게부라 아멘

헤→ 원형→ 하단 1/3에 선이 그어진 녹색 역삼각형→ 검은색 오라가 있는 붉은색 마르스

■ **티페레트**

선언 : 나는 아름다움과 조화의 티페레트

엘 티페레트 아멘

헤→ 원형→ 하단 1/3에 선이 그어진 녹색 역삼각형→ 호박색 태양 상징

■ **네차흐**

선언 : 나는 영광과 승리의 네차흐

엘 네차흐 아멘

헤→ 원형→ 하단 1/3에 선이 그어진 녹색 역삼각형→ 금색빛 알갱이가 있는 올리브색 비너스

■ **호드**

선언 : 나는 절대적 지성 호드

엘 호드 아멘

헤→ 원형→ 하단 1/3에 선이 그어진 녹색 역삼각형→ 은색 가루가 뿌려진 검은색, 노란색 오라

■ **예소드**

선언 : 나는 순수한 지성, 정화하는 지성 예소드

엘 예소드 아멘

헤→ 원형→ 하단 1/3에 선이 그어진 녹색 역삼각형→ 푸른빛이 감도는 레몬색 달

■ **말쿠트**

선언 : 나는 찬란한 지성 말쿠트

엘 말쿠트 아멘

헤→ 원형→ 하단 1/3에 선이 그어진 녹색 역삼각형→ 금색이 감도는 검은색

10

천사계 싯디 실전 관법

천사계 싯디는 세피로트의 세피라 10개에 해당되는 천사들을 간단한 주문과 상징으로 그 힘을 방출하게 하는 특수한 기법이다.

천사계 싯디는 예치라 세피로트 형성계 싯디의 주문을 기본으로 하여 아래 기재된 대로 순차적으로 관한다. 천사들은 몸체가 눈으로 되어 있는데, 눈은 정보가 극도로 농축된 것이며, 은하계의 핵과도 같은 것이다. 날개는 나는 용도가 아니며 천사들의 오라 에너지가 방출되는 형태이며, 에너지적 구조물로도 이해된다.

■ **메타트론**

〈메타트론〉

엘 메타트론 아멘 / 메타트론 천사의 싯디

투명한 빛 - 빨간색의 눈 4개가 사각형 각 귀퉁이를 점한다 - 양쪽으로 석 장의 무지갯빛의 날개 총 6장의 날개

메타트론에 대해

메타트론의 어원은 라틴어 메타트로니오스(Metathronius)로, 이는 '옥좌에 모시고 있는 자'라는 의미이다. 메타트론은 세라핌들 중 하나로 알려져 있는 최고위 천사이다. 세라핌은 한국 번역 성경에서는 '스랍' 혹은 '사랍'이라고 번역된다. 이 스랍이라는 존재는 천사학을 연구하는 여러 학자에 의해 천사 9품 중 최고위인 치천사로도 분류되기도 하고, '날아다니는 불뱀'으로도 여겨지긴 하나, 여기서는 성경의 원전 텍스트를 가져온다.

1) 웃시야 왕이 죽던 해에 내가 본즉 주께서 높이 들린 보좌에 앉으셨는데 그의 옷자락은 성전에 가득하였고 2) 스랍들이 모시고 섰는데 각기 여섯 날개가 있어 그 둘로는 자기의 얼굴을 가리었고 그 둘로는 자기의 발을 가리었고 그 둘로는 날며 3) 서로 불러 이르되 거룩하다 거룩하다 거룩하다 만군의 여호와여 그의 영광이 온 땅에 충만하도다 하더라

-이사야 6장 1절에서 3절-

에녹서에 따라면 에녹이라는 인간은 신의 서기로 일하다가 임무를 마친 후 메타트론이라는 천사가 되었다고 한다.

메타트론은 소(小)야훼라는 별칭을 가지고 있을 정도로 여타의 다른 천사들과 격이 다른 강대한 힘과 권능을 갖고 있는 존재이다.

■ 라지엘

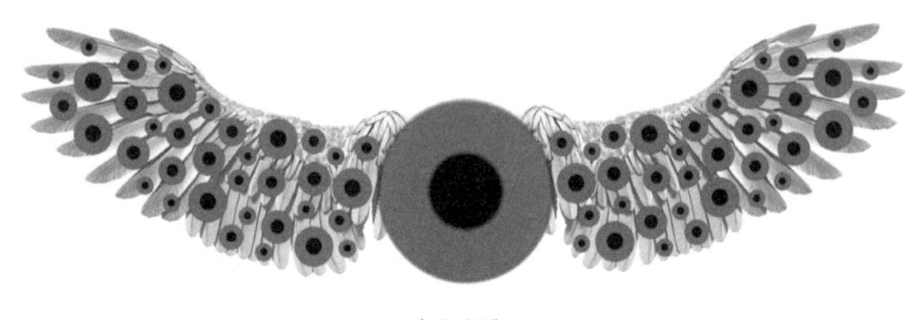

〈라지엘〉

엘 라지엘 아멘 / 라지엘 천사의 싯디

푸른색 빛 한점 광휘가 보임 - 푸른색 한 개의 눈, 두 장의 푸른색 날개가 양옆에 있다. 날개마다 깃털에 눈알이 붙여져 있다.

라지엘에 대해

라지엘은 '하느님은 나의 신비'라는 뜻이다. 세페르 라지엘 하말라크(Sefer Raziel HaMalakh, 천사 라지엘의 서)의 저자이다. 이 책은 신의 비밀한 지혜가 담긴 책으로 알려져 있다. 아담이 에덴에서 추방당한 후 라지엘은 신성을 회복할 수 있는 비밀의 가르침을 책에 담아 아담에게 주었는데, 비밀의 서가 아담에게 흘러 들어간 것을 질투한 천사들이 이를 훔쳐 바다에 던져 버렸다. 신은 라지엘을 처벌하지 않기로 하고 라지엘의 서를 라합이 찾게 하여 아담에게 돌려주었다. 이 책은 이후 아브라함, 모세, 에녹, 솔로몬에게 흘러 들어갔다고 한다.

■ 자프키엘

〈자프키엘〉

엘 자프키엘 아멘 / 자프키엘 천사의 싯디

자주빛이 한점 광휘로 비추다. – 역삼각형으로 배치된 자줏빛 눈알 세 개 - 양쪽 각각 2장, 양쪽에 4장의 보라색 날개가 있다.

자프키엘에 대해

카발리스트들에 의해 토성의 천사로 여겨지며, 그의 이름은 '신의 지식'을 의미한다.

■ 차드키엘

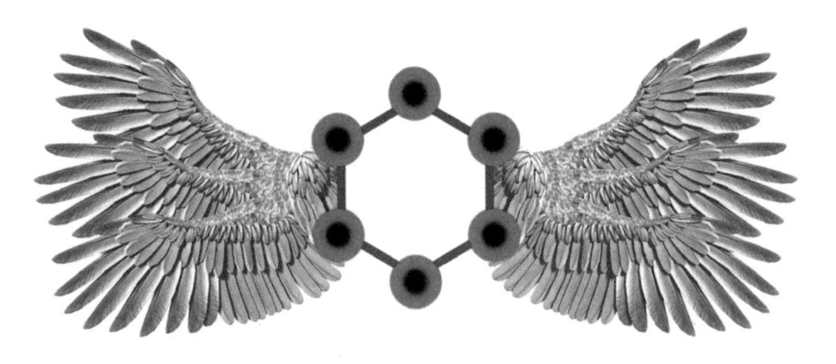

〈차드키엘〉

엘 차드키엘 아멘 / 차드키엘 천사의 싯디

녹색빛이 한점 광휘로 비추다. – 육각형 각 꼭짓점마다 배치된 녹색 눈알 6개 - 날개는 짙은 자줏빛 석 장의 날개, 양쪽에 세 개씩 총 6개의 날개

차드키엘에 대해

차크키엘은 '하느님은 나의 의로움'이라는 의미이다. 아브라함이 그의 아들 이삭을 신에게 제물로 바칠 때 그를 제지했던 천사라고 한다.

■ 카마엘

〈카마엘〉

엘 카마엘 아멘 / 카마엘 천사의 싯디

빨간색 빛이 한점 광휘로 비추다. – 역삼각형에 3개의 빨간색 눈이 배치되어 있고 중앙에 빨간색 눈이 있다. – 주황색 화염으로 된 양쪽 2개의 날개, 총 4개의 날개

카마엘에 대해

화성은 하늘에서 붉은색으로 관찰된 행성이었기에 고래로부터 전투신과 연관되어 있었다. 카마엘은 천사학에서 악마와 직접 전투하는 계급인 능천사의 사령관이라 한다. 그는 그 강직함으로 카발라 세피로트의 '공의의 기둥'에 자리하는 것이다.

■ 라파엘

〈라파엘〉

엘 라파엘 아멘 / 라파엘 천사의 싯디

사파이어 빛의 푸른색 빛이 한점 광휘로 비추다. – 사파이어

빛의 눈 1개에 양옆 각각 6장의 분홍빛 날개 총 12개 날개

라파엘에 대해

라파엘은 '하느님께서 고쳐주셨다.'라는 의미이다. 가톨릭과 정교회에서 정경으로 인정받는 '토빗기'에서 라파엘 천사는 여행자를 보호하는 천사로서 직분을 맡았으며, 맹인 토빗을 낫게 해주는 치유의 힘을 발휘한다. 그의 이름의 연원과 행적으로 인해 그는 치유의 천사로 알려지게 된다.

■ 하니엘

〈하니엘〉

엘 하니엘 아멘 / 하니엘 천사의 싯디

노란색 광휘가 비추다. – 세로로 세워진 6개의 눈알, 하단부터 빨, 주, 노, 초, 파, 남의 6개의 눈이 직선형으로 배치 - 날개는 연둣빛 각각 1장씩 2개, 날개 한쪽에 보조 날개가 더 있어 총 3개의 날개이다. 보조 날개의 색은 노란색.

하니엘에 대해

에녹서에서 언급되는 천사이다. 하니엘이라는 의미는 은혜, 은총과 관련된 히브리어에서 파생되어 '하느님은 나의 은총'이라는 의미를 지닌다. 금성과 연관이 되어 있어 점성학적으로 금성이 갖는 '사랑', '평화', '아름다움'과 같은 이미지를 갖는다.

■ 미카엘

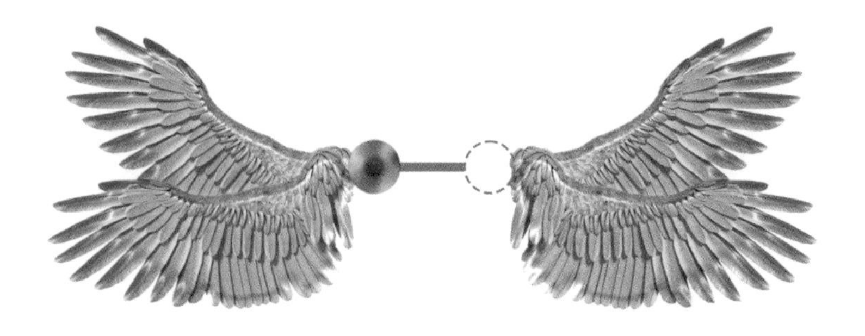

〈미카엘〉

엘 미카엘 아멘 / 미카엘 천사의 싯디

무지갯빛이 비추다. – 무지갯빛 눈알 1개와 투명한 눈알 1개가 가로로 직선형으로 배치됨 – 날개는 양옆 각각 2장씩 총 4장, 날개의 색은 은색.

미카엘에 대해

미카엘의 이름은 '누가 하느님과 같으랴?'라는 의미이다. 천사들의 이름은 유대교나 유대교의 전승에서 많이 남겨져 있어 후대의 천사학을 공부하는 분들이 여러 주석을 달아 놓았으나, 미카엘과 가브리엘과 라파엘 이 세 분은 성경에 나오는 천사들이다. 즉 모든 아브라함 계열의 기독교 종교에서 미카엘의 존재를 인정하고, 대중적으로도 널리 알려진 존재이다.

요한묵시록에서 사탄인 용과 싸워 그를 패퇴시킨 것으로 묘사되어 있어, 미카엘의 성상이나 성화에서는 그는 검이나, 창, 방패 등을 들고 있다. 악마를 제압하는 그의 역할 때문에 그는 오컬트에서 '불'을 상징하기도 한다.

■ 가브리엘

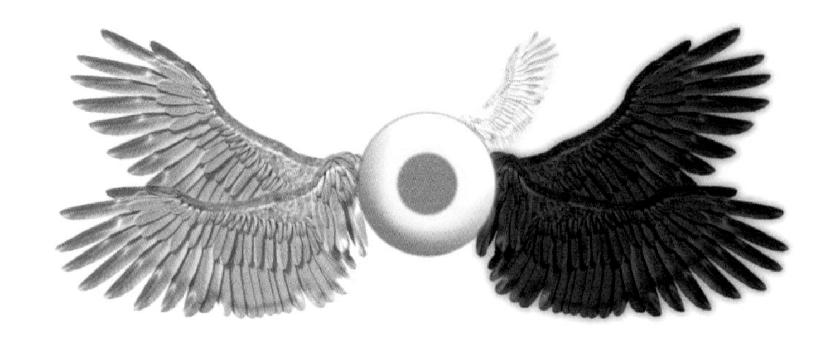

〈가브리엘〉

엘 가브리엘 아멘 / 가브리엘 천사의 싯디

은색빛이 비추다. – 은색의 눈동자가 보인다, 은색의 눈동자 뒷면은 검은색의 눈동자가 있다. 눈동자 위에 금색의 작은 날개 1개가 있다. – 왼쪽 날개는 은색 날개 2장, 오른쪽 날개는 검은색 날개 2장.

가브리엘에 대해

가브리엘은 히브리어로 '영웅'을 뜻하는 게베르와 하느님을 뜻하는 엘이 합쳐진 이름의 뜻은 '하느님의 영웅', '하느님은 나의 강하신 분'이다. 성경에서 주된 임무는 '예언'과 '계시'이며, 마리아에게 예수 탄생을 알린 수태고지의 천사이다. 이슬람 쪽에서는 무함마드에게 알라의 계시를 전한 천사로 알려져 있다.

천사는 원래 성별이 없으나, 가브리엘은 여성으로 묘사되기도 한다.

■ **산달폰**

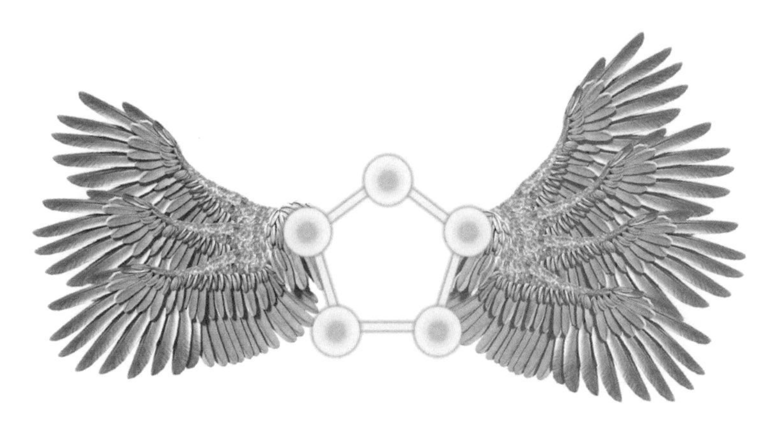

〈산달폰〉

엘 산달폰 아멘 / 산달폰 천사의 싯디

금색빛이 비추다 - 금색의 눈알이 정오각형으로 배치되어 있다. – 왼쪽에는 보라색 날개 3장, 오른쪽에는 빨간색 4장의 날개가 있다.

산달폰에 대해

메타트론과 쌍둥이 천사로 알려져 있다. 그는 인간의 기도를 받아 신에게 전달한다는 천사이다. 그의 키는 매우 거대하다. 500년을 걸어야 그의 키에 다다를 수 있다는 말도 전해진다.

카발라 싯디 4종은 개별적 싯디로 해서는 안 된다. 한 개의 세피라는 단독으로 그 힘을 취할 때는 다른 세피라와의 조화가 깨지기 때문이다. 예를 들어 신성계(아찌루트) 싯디 중에서 호드의 힘을 쓰고 싶다면 케테르부터 말쿠트까지 총 10개의 싯디를 하고 나서 호드 세피라만 쓸 수 있다.

그 이외의 카발라 체계 내에서 카발라 싯디들 역시 세피로트 전체상에서 조화로운 하나이자 독립된 기능이라는 의미가 있어 단독으로 하나만 떼서 쓸 수 없다.

그러나 형성계(예치라) 싯디와 이 천사계 싯디는 개별적 천사의 싯디의 힘만 써도 된다. 이는 천사계는 신의 명을 받아 개별적으로 존재하여 활동하는 독립된 존재이기 때문에 그 힘만을 써도 괜찮다는 것이다.

단독으로 쓰는 것을 좀 더 간편히 활용하고자 천사의 힘만을 추출하여 사용하기 위해 해당 싯디를 천계로부터 전수 받아 만든 것이다.

〈천사 싯디〉

11
카발라 수행체계의 효용성과 천사계 싯디의 권능과 활용

마법계 싯디(이집트 싯디)는 물질계에 인간이 자신의 뜻을 신의 힘을 빌어 최대한 투사하게 하는 것이 목적이라면 카발라 싯디와 차크라 싯디는 수행이라는 목적에 특화되어 있다. 세부적으로 말하면 카발라 수행체계는 인간은 신의 모습을 따서 창조되었고 본연 안에 신성이 있고 이 신성의 완전 회복에 포커스가 있는 반면, 차크라 수행체계는 신의 권능이 각 권능별로 차크라에 분산되어 있고 온전한 전일적(全一的) 존재로의 성취에 포커스가 있다.

카발라는 물질계 창조의 대역사가 신의 완전한 자기 현현의 과정(각 세피라에 신성한 힘이 충만해질 때 다음 세피라로 이동하는 과정)이라는 인식을 우리에게 준다. 창조는 수많은 지식과 지혜가 교차되고 중첩되어 드러나는 그 일순간일 뿐이며, 그 이면에는 완전함이 네 번이 곱해지는 정교한 과정(4중의 창조과정 아찌루트-브리야-예치라-말쿠트)이 있다는 것도 보여준다.

또한 카발라 수행은 인간체 영혼육이 우주 창조의 대역사와 같다고 보고 신성의 완전복구, 인간 설계체의 완전복구를 목적으로 한다.

따라서 매우 엄정한 수행체계이며, 신의 사랑과 공의가 농축된 존재가 인간이라는 것이니, 우리에게 사랑과 공의를 기본적인 윤리관으로 가질 것을 요구한다.

밀교가 공성과 서원에 기반하고 불보살의 자비심에 기대어 수행심이 구체적인 행법을 통해 개화되는 것을 뜻한다면 카발라는 신성이 우리에게 내재되어 있으니 그 신성의 매뉴얼대로 하라는 것이다. 매뉴얼에 없는 것은 허용치 않겠다는 강력한 신성한 의지가 반영되어 있으니 수행자는 세피로트 수행을 통해 신의 보호와 은총을 받게 된다.

마법이라는 것이 인간의 소망이 영적 세계의 도움을 받아 물질계에 실현되기를 바라는 일련의 절차라고 보면, 영적 세계 중 욕망의 덩어리인 악마의 세계와 감응하는 것이 쉬운 것일 것이다. 그 세계는 욕망이 기본이라서 질서(cosmos)는 후자이니 약간의 절차가 틀리더라도 허용은 할 것이다. 그러나 카발라는 신의 정한 질서(cosmos)가 힘을 작용하기 때문에 선한 의도로서 그리고 명분으로서 그 에너지를 활용하는 것이다.

천사계 싯디는 다음과 같이 활용이 가능하다.

- 메타트론 (케테르) - 빛으로 전영역을 정화
- 라지엘 (호크마) – 내밀한 영을 정화
- 자프키엘 (비나) – 내밀한 혼을 정화
- 차드키엘 (헤세드) – 내밀한 영의 설계체를 정화
- 카마엘 (게부라) – 내밀한 혼의 감정체를 정화 / 분노와 관련된 감정조절
- 라파엘 (티페레트) – 빛으로 영과 혼을 정화 / 감정의 치유, 몸의 치유, 밸런스 조절자
- 하니엘 (네차흐) – 개성적 영혼의 설계체를 정화 / 풍요로움으로 바꾸는 능력
- 미카엘 (호드) – 개성적 영혼의 운명체를 정화 / 어둠을 제하는 능력, 마법적 위해를 방어함.
- 가브리엘 (예소드) – 혼체, 아스트랄체를 정화 / 어둠을 제하는 능력, 어둠을 더 큰 어둠으로 압도하여 빛으로 인도하는 역할
- 산달폰 (말쿠트) – 현실 정화 / 현실 조작, 현실 제어

12

카발라 수행의 실제
– 삼중의 세피로트, 천사싯디의 실제수행

카발라 수행은 각 세피로트에 세피라를 순차적으로 순서에 맞게 관하는 것으로 한다. 신성싯디 매뉴얼(아찌루트), 형성계 싯디 매뉴얼(브리야), 형성계 싯디 매뉴얼(예치라), 물질계 싯디 매뉴얼(앗시야)의 세피라를 각 신체 부위에 매칭하여 관한다.

시작점을 머리 위부터 하느냐, 머리부터 하느냐, 발부터 하느냐에 따라 작용하는 에너지가 다르다.

머리를 말쿠트로 하고, 머리의 최상단을 근원적인 에너지체로 가정하고 머리 윗부분 최상위를 케테르로 한다. 순차적으로 세피라를 관하여 끝나는 점을 머리 부분 말쿠트로 하여 종료하는 관법이다.

영혼의 가장 높은 주파수, 가장 내밀한 부분의 오염을 정화하고 에너지를 정렬하는데 효과적인 수행이다. 불교식으로 말하면 업종자 중 아직 구현되지 않은 잠재적인 업종자를 정화하는 것이다. 과거정리.

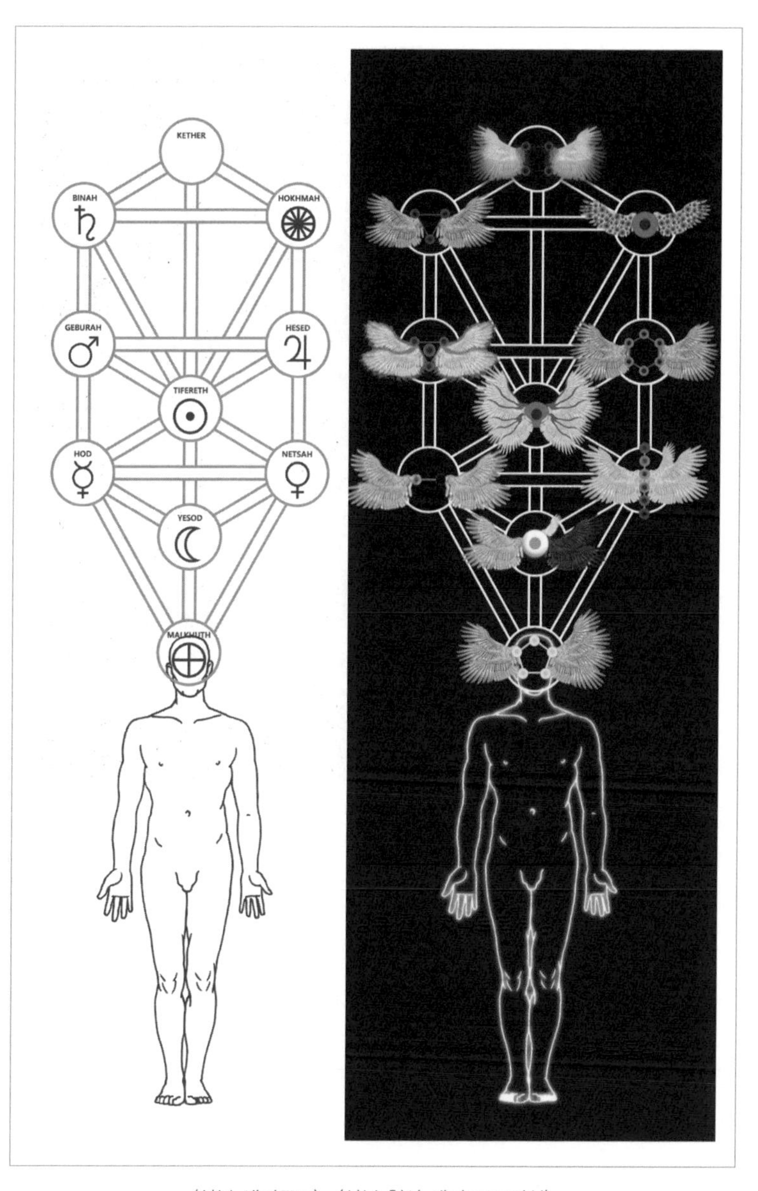

〈상부 세피로트〉 〈상부 천사 세피로트 명상〉

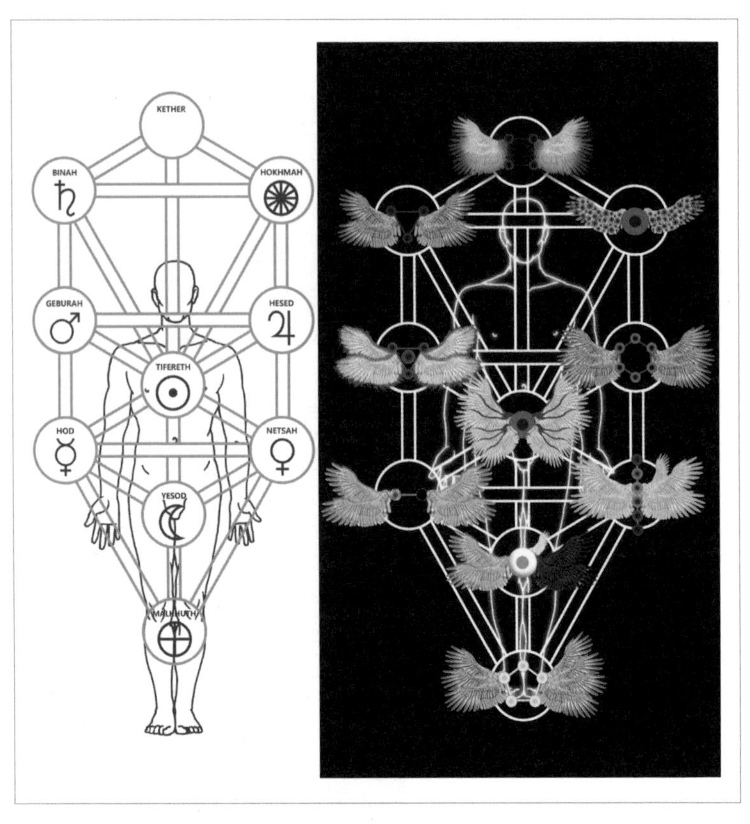

〈중앙 세피로트 명상〉〈중부 천사 세피로트 명상〉

머리를 케테르로 하고 발을 말쿠트로 하는 세피로트이다. 신체 내의 그리고 영혼 자체의 정화와 에너지 정렬에 특화된 세피로트이다.

불교식으로 말하면 지금 현재 구현된 업종자를 정화하는 것이다. 현재제도.

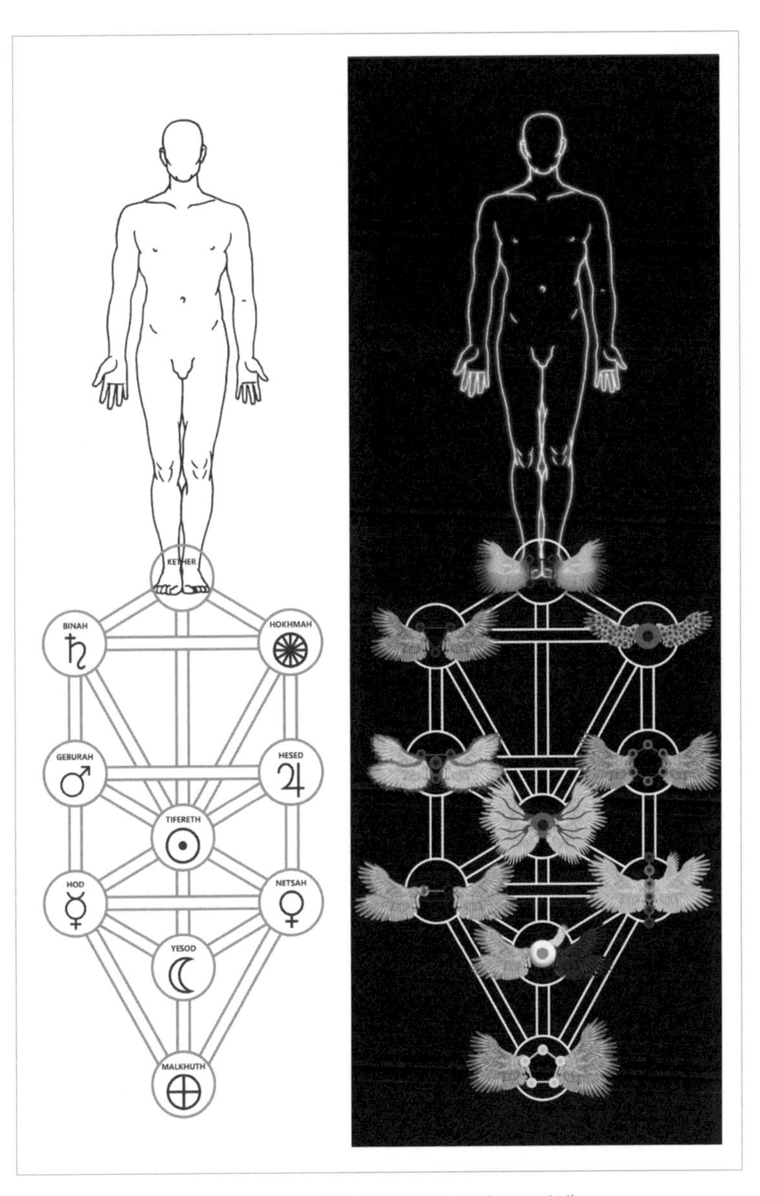

〈하부 세피로트 명상〉〈하부 천사 세피로트 명상〉

발을 케테르로 하여 세피라들이 세피로트의 순서대로 순차적으로 전개되어 발 아래 최하단에 말쿠트가 있다. 이를 순차적으로 관한다.

지금 현재의 흐름이 미래의 좌(짜여진 구체적인 것)로 펼쳐질 때이 하부 세피로트 수행을 하면 좀 더 신성의 뜻대로 구현될 수 있다. 즉 미래설계인 것이며, 불교식으로 말하면 현재 흐를 수 있는 업종자의 흐름을 설계하는 것에 가깝다.

천사 싯디를 전체적으로 하는 수행으로 진행할 때 다음과 같다.

몸의 세피로트 분위에 각 세피라 대신에 천사의 모양을 관한다. 이 때 형성계 싯디의 기본 주문인 '엘 메타트론 아멘'부터 '엘 산단폰 아멘'까지 주문을 외우면서 순차적으로 모양을 관하면서 몸에 세피라를 완성하면서 세피로트를 건립한다.

〈천사 싯디의 실제 수행〉

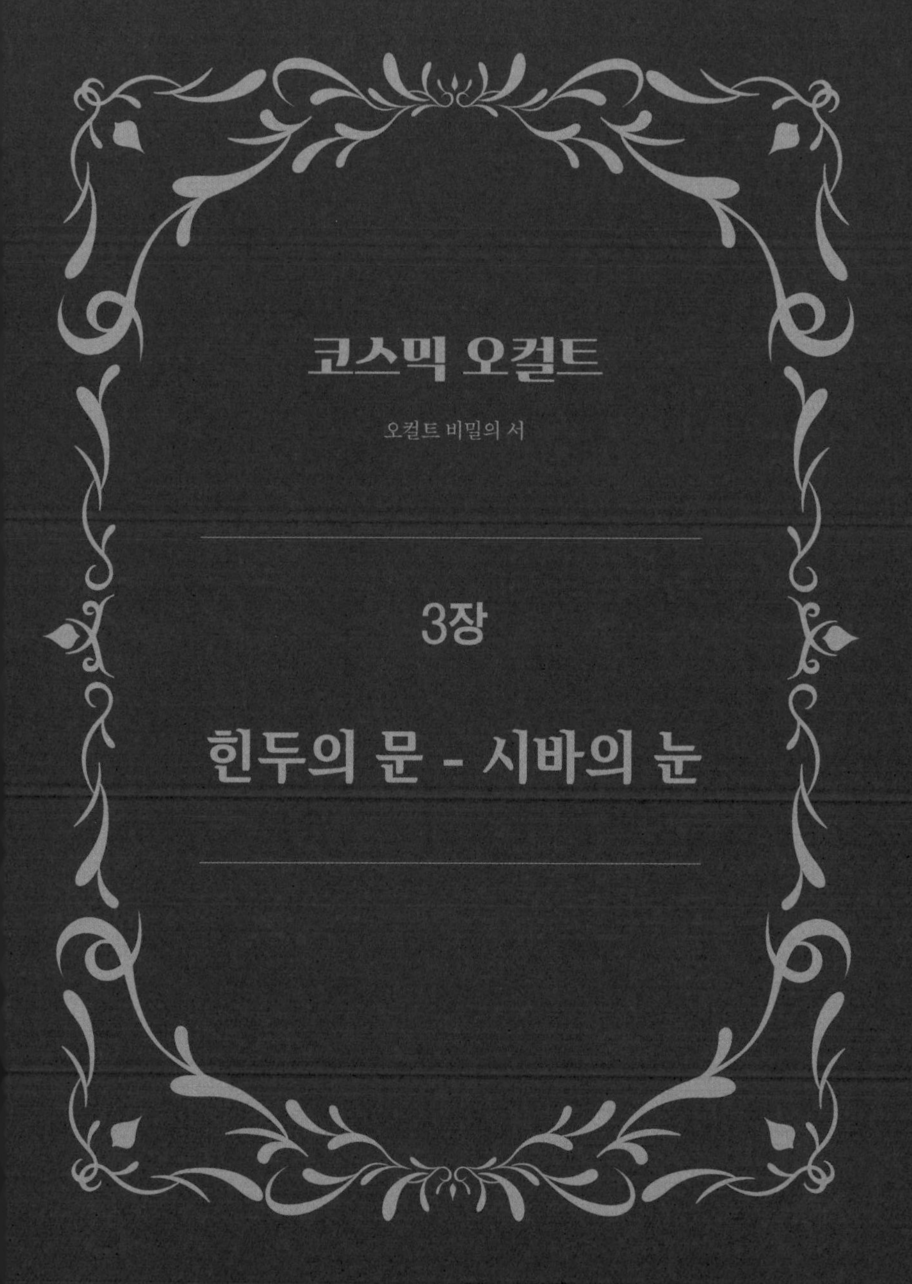

코스믹 오컬트

오컬트 비밀의 서

3장

힌두의 문 - 시바의 눈

영성 수행을 하시는 분들은 차크라에 대해 많이 들어보았을 것이다. 차크라는 일곱 개이고 색은 아래로부터 빨주노초파남보의 무지개색이며 꽃잎의 개수는 몇 개이고 이를 여닫는 게 능숙해지면 각 차크라에 대한 의식의 변화가 일어난다는 것이 일반적으로 알고 있는 지식이다.

이 책에서는 차크라가 실제로는 극미세 심(心)이 에너지적으로 드러났음을 밝히고 이에 따른 고층 차원에서 수행을 할 수 있게 하였다. 각 미세심이 밀교적으로 드러난 존들을 차크라 중심에 '종자'로 배치해놓았다.

힌두의 고래(古來)의 전통이 유구하게 흐르면서 명상 수행의 대가들이 밝혀놓은 것이 차크라의 체계이다. 힌두의 것을 불교가 밀교적으로 받아들여 각 밀교의 존들이 드러난 것이다. 여기서는 차크라의 주재신을 밀교적으로 이해하여 밀교의 존들로 드러내었다.

차크라 수행에서는 밀교적 제존에 대한 유래와 성격을 이해하는 것이 도움이 된다. 실질 수행에 진언과 인계가 있으니 『밀교 만다라의 서』를 참고하여 살펴보는 것이 좋겠다.

*차크라에 대한 기본 개념

인체에는 7개의 차크라가 있다고 한다. 이는 힌두 요가 전통에서의 견해인데, 밀교 쪽에서는 맥륜이라 하여 5개로 분류하기도 한다. 이는 인간의 에너지체가 여러 층으로 되어 있기 때문에 각 층에 해당되는 주파수로 인체를 보게 되면 일곱 개로도, 다섯 개로도, 혹은 세 개로도 보이기 때문이다.

- 1번 차크라는 뿌리뼈 근처에 있으며 '물라다라 차크라'라고 하고, 현실 기반과 관련된 이슈를 담당한다. 에너지의 색은 빨강색이다.
- 2번 차크라는 회음에 있으며 '스와디스타나 차크라'라고 하고, 성 에너지와 활력을 담당한다. 에너지의 색은 주황색이다.
- 3번 차크라는 복부에 있으며 '마니퓨라 차크라'라고 하며 소화와 생존과 관련된 것을 담당한다. 에너지의 색은 노랑색이다.
- 4번 차크라는 가슴에 있으며 '아나하타 차크라'라고 하며, 사랑과 관련되어 있다. 에너지의 색은 초록색이다.
- 5번 차크라는 목 근처에 있으며 '비슈디 차크라'라고 하며, 표현과 관련되어 있다. 에너지의 색은 푸른색이다.
- 6번 차크라는 미간에 있으며 '아즈나 차크라'라고 하며, 직관과 관련되어 있으며, 에너지 색은 남색이다.
- 7번 차크라는 정수리에 있으며, '사하스라라 차크라'라고 하며 영

성을 담당한다. 에너지 색은 보라색이다.

보통 이렇게 설명한다. 그러나 차크라는 인체 기관처럼 에너지체에 부속 기관으로 고정된 것이라 보면 곤란하다. 먼저 차크라에 대한 인식의 전환이 필요하다. 차크라는 근원적 파동이 인체를 지나면서 에너지 파형이 구현된 것으로 보아야 한다. 즉 차크라는 구현된 장(場, field)인 것이다.

후술하는 차크라들의 각 신들과 개념들 역시 인간의 신성을 각 개념과 존재로 드러낸 것일 뿐 절대적인 의미 부여로 이해해서는 안 된다.

이 책은 밀교식으로 재해석된 차크라 개념을 택한다. 왜냐하면 자성심(自性心)의 반영인 공성의 차크라로 이해해야 차크라 수행의 공능이 아뢰야식 깊은 곳에 새겨지기 때문이다.
의미로 존재하는 것이며 이를 언어로 차크라라고 명명할 것일 뿐 그 본질은 공성이니 집착한 바 없는 집착으로 수행해야 올바른 성취를 할 수 있다.

01
차크라 수행 실전체계에 대한 전반적 리뷰 – 역배열 차크라

이 책에서 제시하고자 하는 수행은 공성에 대한 이해를 기본으로 한다. 차크라라고 하면 인간에게 실제로 있는 것으로 이해하는 것이 보통 사람들의 인식인데 신체 부위에 집중하고 이미지를 떠오르고 연상하면 '실제의 환상'에 휘감기기 쉽다.

각각 신성의 다른 이름으로 표현되는 차크라의 권능은 신의 권능이 봉안된 성소(聖所)이다. 따라서 차크라의 색이나 차크라의 여닫은 정도로 파악하는 게 아니라, 깊은 명상적 경지에서 차크라들이 미세한 관념들로 이루어졌다는 자기 통찰이 필요하다.

과거 지하철에 탔을 때 다른 사람들의 미간 차크라가 빨강색으로 보였던 적이 있었다. 그때 '미간 차크라는 남색으로 알려져 있는데, 왜 빨강으로 보이지?'라는 의문이 있었다. 언제인가는 목 차크라가 노란색으로 보였던 적이 있었다.

차크라의 기능역전인 것이다. 차크라는 1번 뿌리 차크라와 7번 정수리 차크라가 같이 발전되는 경향이 있고, 2번 배꼽 차크라와 6번 미간 차크라가 같이 발전되는 경향이 있다.

차크라들의 색이 간혹 6번 아즈나 차크라가 빨간색으로 5번 비슈디 차크라가 노란색으로 보이는 것은 에너지가 불안정해서 일시적인 차크라 기능역전이 발생했기 때문이다.

지진이 날 때 동물들이 지진을 예측해서 이상행동을 했다는 말이 있는데, 이는 생존과 관련된 통찰인 육감으로 이를 감지했기 때문이다. 6번 차크라가 현상이 내게 어떻게 작용하는지에 대한 '직관'을 담당한다고 하면 2번 차크라는 생존 이슈가 내게 어떻게 작용하는지에 대한 '육감'을 담당하는 것이다.

2번 배꼽 차크라가 이원성의 시작이니, 나와 너에 대한 분리의식으로 상대를 구하는 탐착, 즉 성에너지로 드러나는 것이라면, 6번 미간 차크라는 이원성의 결과이니, 논리와 감성, 현실과 영성, 도덕과 방만 이러한 분리의식의 집합인 것이다.

3번 태양신경총 차크라가 현실적 동력원이니 돈, 식욕과 관련된 육적 활력을 담당한다면 5번 목 차크라는 영적 동력원이니 창조를 가능케 하는 하느님의 '말씀'과 같은 영적 활력을 의미한다.

모든 차크라에는 뒷면이 있고, 이 뒷면이 역배열의 차크라의 기능과 통해 있다.

차크라는 주파수에 따라 그 개수가 다르며, 내밀한 주파수로 갈수록 7개에서 5개, 5개에서 3개로, 3개에서 1개로 보이게 된다.

02
차크라 수행 실전체계에 대한 전반적 리뷰 – 5부 차크라, 3부 차크라 시스템

밀교 내의 차크라는 5분류이다. 지륜(地輪), 수륜(水輪), 화륜(火輪), 풍륜(風輪), 공륜(空輪)의 5륜으로 이해되고 이는 각각의 5불과 매칭된다. 차크라에 대해 찾아보면 7개의 차크라가 있다고 하기도 하고 13개의 차크라 등이 있다고 한다.

리딩의 층차가 밀교의 5륜 차크라 체계의 주파수로 들어가게 되면 5개의 차크라로 차크라를 인식하게 된다. 즉 다른 주파수로 차크라 체계를 보게 되면 7개로도 보이게 된다.

인체의 에너지 바디(energy body)는 층차가 다양하며, 이 층마다 육체는 혈맥, 에테르체는 기맥, 아스트랄 바디보다 정묘한 체는 나디맥 등등 다양한 주파수의 혈관들이 지나가고 있다. 이 혈관들이 모이는 점이 맥점, 맥륜 등이라고 불리는 차크라이다.

차크라의 다른 표현인 맥륜(脈輪)이라는 단어에서 알 수 있듯, 차크라는 기맥 혹은 나디맥이 응집된 바퀴 모양의 에너지 구조체이다. 인간의 의식에 따라 맥을 혈맥–기맥–나디맥으로 그 층위를 다르게 이해하듯, 맥륜 즉 차크라도 에너지 바디 수준에 따라 개수가 다르게 된다.

층차가 깊어질수록 맥륜의 분화가 미분화된다. 즉 물질 수준의 에너지 바디에는 복잡하게 분화되어 차크라 개수가 늘어나게 되는 것이다.

복잡한 것은 수많은 것이 오차 없이 구현된 것이며,
정묘한 것은 섬세한 것이 드러난 것이다.
복잡한 것은 플러스와 마이너스의 0과 1의 체계가 무한소로 분화된 것이며,
정묘한 것은 플러스와 마이너스의 비중에서 점점 0의 비중이 높아지는 상태이다.

하위체의 차크라, 7개의 차크라 시스템들은 복잡한 것이라 할 수 있으며
상위체의 차크라, 5개 및 3개의 차크라 시스템들은 섬세하면서 정묘한 것이며 좀 더 단순해지는 경향이 보인다.

기몸체(에너지 바디)의 주파수에 따라 차크라들은 7개, 5개, 3개 등으로 보인다. 아주 깊이 들어가면 차크라 개수는 1개이다.

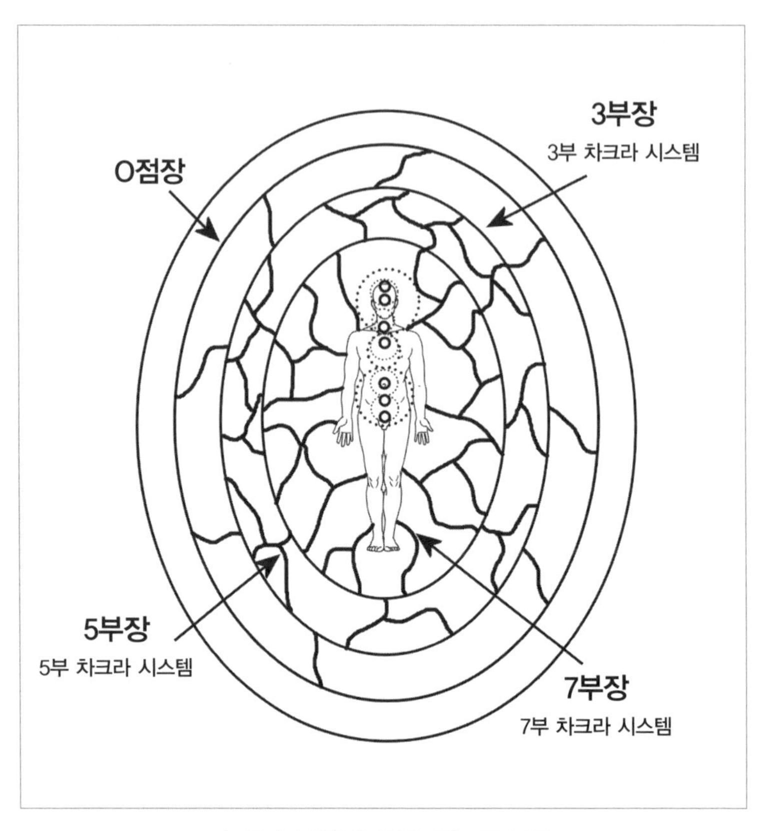

〈그림 1〉 인체를 중심으로 하는 에너지장

인체 내부의 꼬리뼈, 배꼽 아래 하단전, 복부 중앙, 가슴, 목, 미간, 정수리에 위치한 원은 총 7개이고, 이것이 흔히 말하는 7차크라 시스템이다. 맨 아래의 회음부에 위치한 차크라를 보통 1번 차크라, 물라다라 차크라라고 하며, 이는 생명력을 뜻한다고 한다. 두 번째에 위치한 차크라를 2번 차크라, 스바디스타나 차크라라고 하며 성에 관한 부분을 주관한다. 세 번째에 위치한 차크라를 3번 차크라 혹은 복부 차크라라고 하며, 마니푸라 차크라라고 한다. 육체적 건강 혹은 사회적 활동성을 뜻한다. 이렇게 아래로부터 맨 위의 7번까지의 차크라가 있고 마지막 7번 차크라는 영성, 깨달음을 뜻한다고 한다.

하위의 1번과 2번 차크라를 2개 묶음으로, 복부의 3번 차크라를 한 개로, 가슴 차크라를 1개, 목 차크라를 1개, 미간에 위치한 6번 차크라와 정수리에 있는 7번 차크라를 한 묶음으로 보는 것이 5차크라 체계이며, 5차크라 체계는 인체라는 육신과 심체라는 '마음의 구조'의 경계선에 있는 차크라 시스템이다. 위 그림에서는 7개의 차크라를 5개의 점선으로 묶어서 표시했다.

그리고 점선으로 인체 내부의 차크라들을 점선으로 세 묶음으로 묶었는데, 하위 중위 상위의 삼부 시스템이다. 삼부 이상부터 극미묘 차크라 시스템이라서 밀교에서도 이 부근까지도 접근할 수 없음이다.

차크라는 오라 에너지장과 관계가 있는데, 차크라들이 회전하면서 차크라에서 발산하는 오라장 역시 서서히 회전하게 되어 있다. 인도의 차크라 시스템에서는 나디라는 맥이 인체 내에 7만 2

천 개가 있다고 한다. 동양 의학에서 말하는 경락과 유사한 인체 내부의 기맥이다. 에너지장은 층층이 있으며-양파 껍질과도 같이 층층이 되어 있음-그 에너지장마다 나디맥들이 펼쳐져 있다.

7개의 차크라 시스템(7부 차크라라고 명명해 봄)을 기반으로 하는 에너지장(7부장이라고 명명함)에서는 인체 나디맥이 가장 복잡하고, 5부 차크라 시스템장(Energy Filed of Five Chakra System)에서부터 인체 나디맥이 좀 더 단순하게 펼쳐진다. 이를 심체맥이라 명명한다.

3부 차크라 시스템장에서는 근본체 나디맥이 심체맥보다 더 정묘하고 단순하게 펼쳐져 있다. 이는 마음의 영역과 0코어 사이의 극미세 에너지장이다.

근본체 나디맥보다 더 미묘한 흐름이 있는데, 이는 차크라로 표현하면 1개의 구조이며 이를 숫자 0을 따서 0코어라고 명명한다. 그림1은 인체를 중심으로 그린 것이고, 0-CORE라고 부르는 1개의 차크라 시스템을 기준으로 그린 것도 있다.

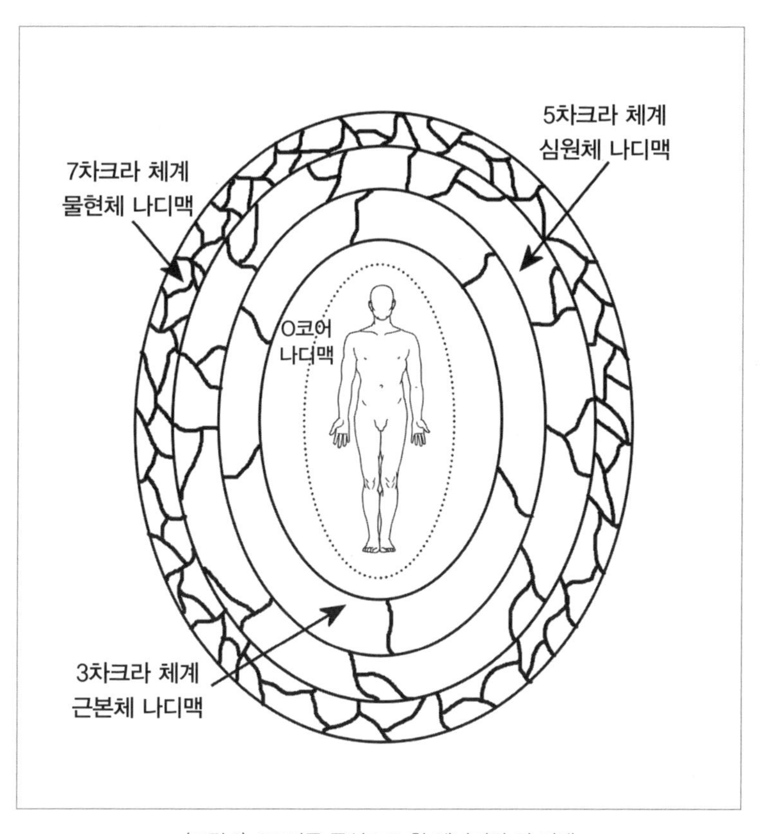

〈그림 2〉 0코어를 중심으로 한 에너지장 및 기맥

〈그림 1〉이 인체를 중심으로 하여 외곽으로 갈수록 진동수가 높아지는 에너지장을 그렸다면 〈그림 2〉는 진동수가 가장 높은 0코어를 중심으로 그린 것이다. 0코어에는 0코어 나디맥 하나가 혈관처럼 흐르고 있다. 극미세 에너지장이며 공성과 계합되어 있다.

3부 차크라 시스템을 기반으로 하여 에너지장이 펼쳐지는데, 이를 3부장이라고 명명했다. 이 에너지장에는 가장 단순한 나디맥들이 흐르고 있다. 5부 차크라 시스템의 에너지장을 기준으로 심원체 나디맥이 펼쳐진다. 7부 차크라 시스템을 기준으로 하는 에너지장을 7부 차크라 에너지장이라고 하는데, 이 7부 차크라 에너지장을 흐르는 나디맥을 물현체 나디맥이라고 명명한다.

차크라를 연다고 의식이 올라가지 않는다. 보통의 수행은 7부의 차크라와 7부 에너지장의 맥을 기준으로 하기 때문에 차크라를 여닫는 것은 회선 스위치를 열었다가 닫았다가 하는 의미 정도이다.

각 에너지장을 기준으로 어떠한 의식대인지 적어 본다.

- 7부 에너지장: 나는 나이다.
- 5부 에너지장: 나는 현존이다.
- 3부 에너지장: 나는 실재이다.
- 0코어 에너지장: 나는 나로 있게 하는 가능성 중의 하나이다.

■ 1번 차크라 – 물라다라 차크라

– 기능 : 형태를 잡음

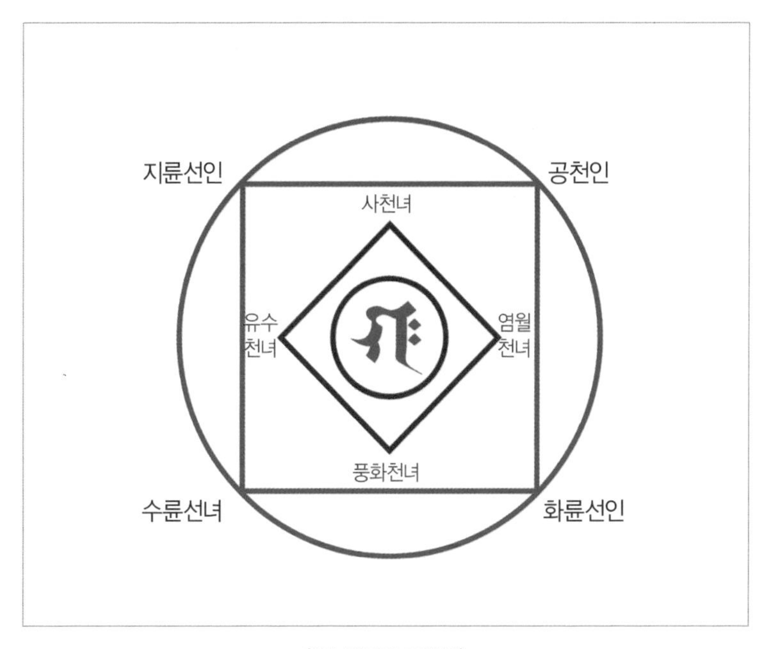

〈1번 차크라 모델링〉

1번 차크라는 인간이라는 틀과 관련이 있다. 1번 차크라의 외륜은 사륜선인으로 이루어져 있다.

• 지륜선인 – 형태를 원한다.
• 수륜선녀 – 형태에 의미를 부가한다, 형태에 기능을 원한다. 물질(지(地)의 요소)에 생명을 넣는다.
• 화륜선인 – 생명이 있는 물질에 지속성을 부여한다. 즉 기본적인 정신을 얹히기 때문에 생명이 있는 물질 즉 생명체는 먹으려고 하고 배설하려고 하는 순환 기능이 있고 이는 불로 상징되는 에너지 순환이 가능케 한다.
• 공(空)천인 – 생명의 지속적으로 유지하려는 기능에 기본적인 인지 능력을 부여한다.

1번 차크라의 내륜은 모래를 굽는 과정과 비슷하다.

• 사(沙)의 천녀 – 물질성을 뜻한다. 모래.
• 유수의 천녀 – 물을 뜻하는데, 이는 모래에 물을 섞어 점토를 만드는 것이다. 흩어지는 의미 없는 모래에 물을 넣어 반죽하여 형태를 만들 준비를 한다.
• 풍화(風花)의 천녀 – 강한 바람과 약한 바람의 조합으로 필요 없는 것은 떨어져 나가고 필요한 것은 바람으로 가져다 온다. 형태를 만든다. 이는 바람이 꽃을 가져오는 것과 같아 풍화천녀라 한다.
• 염월(炎月)의 천녀 – '불타는 달, 뜨거운 화기로 점토는 구워져 그릇(존재)이 된다.

1번 차크라의 주재자는 가네샤

즉 코끼리와 같은 육중한 무게와 대지를 진동시키는 강력한 힘의 존재. 가네샤가 1번 차크라의 주재신이다.

– 진언 : 옴 흐릭 가 훔 스바하

〈종자 가〉〈환희천 인계〉

■ 2번 차크라 – 스와디스타나 차크라

– 기능 : 자아의 확립

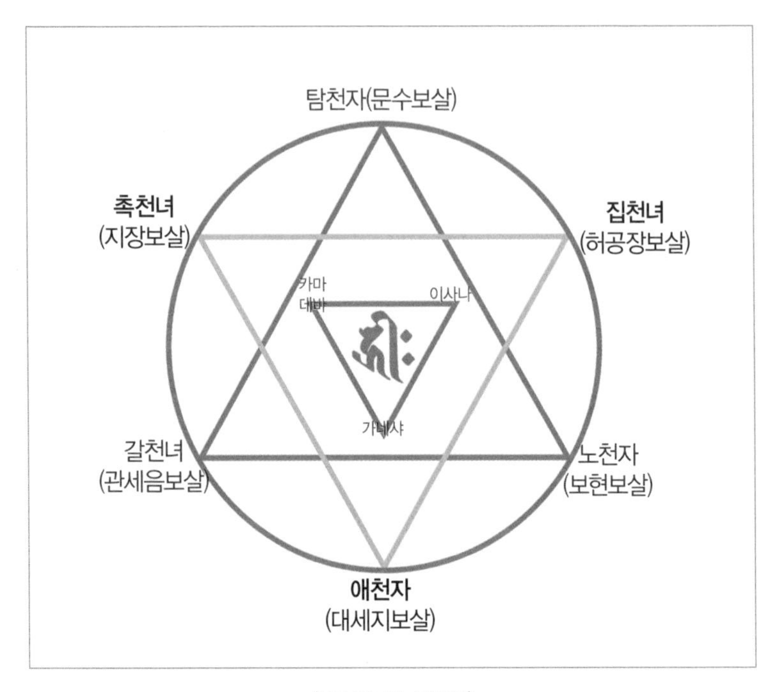

〈1번 차크라 모델링〉

2번 차크라 스와디스타나는 주홍빛이라 알려졌다. 이 차크라에서 본능과 관련된 '아(我)'가 발생된다. 3번 차크라가 사회성과 관련된 '아(我)'라면 2번 차크라는 내가 나 스스로를 나라고 여기는 자아가 정립하는 역할을 한다.

2번 차크라의 미시구조는 기능 구조로 설명하면서 이를 승격시키면 보살과 명왕으로 해석하는데, 이는 승화될 때 그 보살과 명왕의 힘을 갖는 것을 의미하는 동시에 제어를 할 때는 그 보살과 명왕의 힘이 필요하다는 두 가지 의미가 있다.

다른 차크라와 달리 이 부분을 첨언하는 이유는 2번 차크라의 에너지가 매우 폭발적이기 때문에 보살과 명왕에 대한 인지까지 같이 있어야 처리가 가능하기 때문이다.

- 탐천자 – 탐욕, 갖고 싶음을 뜻한다. 에너지의 직진성, 쟁취욕. 문수보살로 승화

- 갈천녀 – 목마름, 갖고 싶어하는 요소를 당기고 싶다, 에너지의 흡인성, 쟁취욕의 음적 측면 즉 소유욕을 뜻한다. 관세음보살로 승화

- 노천자(怒天子) – 가져와서 다루고 싶어 함, 다루면 파괴되기 때문에 파괴성을 뜻하는 분노의 존으로 해석된다. 보현보살로 승화

이 삼각형을 욕망의 정삼각형이라 한다.

역삼각형을 말한다.

- 촉천녀 – 쾌를 느끼고 싶어 함, 이를 승화하면 대지의 경지, 지장보살의 경지를 얻는다.
- 애천자 – 내 것으로 일체화를 싶어 함, 이를 승화하면 번뇌를 제압하는 대세지보살의 경지를 얻는다.
- 집천녀 – 지금의 상태를 영원히 이어가고 싶어 함, 이를 승화하면 무량한 자량을 무량한 창고에 넣는다는 의미로서 허공장보살의 경지를 얻는다.

이 역삼각형을 애착의 역삼각형이라 한다.

2번 차크라의 내륜은 역삼각형이다.

- 카마데바(애, 갈애, 탐(貪))
- 이사나(폭렬, 힘, 에너지, 진(嗔, 분노))
- 가네샤(무지막지한 힘, 우암의 힘은 지극히 강대하도다, 치(痴))

이를 주재하는 것은 군다리명왕이다.

차크라 주재신은 군다리명왕.

이 존격은 아치, 아견, 아만, 아애의 4번 뇌를 제압하는 존격. 모든 집착과 원한을 상징하는 뱀을 두르고 있어 뱀의 정복자, 뱀을 주재하는 자이다.

차크라 수행법에서의 군다리명왕 인계는 밀교 만다라의 서 353p의 대진인(大瞋印)과 다른 외오고인이며, 종자는 트라흐가 아니라 흐릭이다.

이는 군다리명왕은 샥티(성에너지)와 직접 관련이 있는데, 이 에너지는 감로, 아므르타와 관련이 있다. 그래서 이 수행에서는 감로를 상징하는 흐릭이 종자이며, 7종의 수행인(修行印)의 체계상 보리심을 뜻하는 외오고인으로 수행한다.

– 진언 : 옴 아므르테 훔 파트

〈종자 흐릭〉〈외오고인〉

■ 3번 차크라 – 마니퓨라 차크라

– 기능 : 사회적 자아의 확립, 의식주와 관련된 생산활동

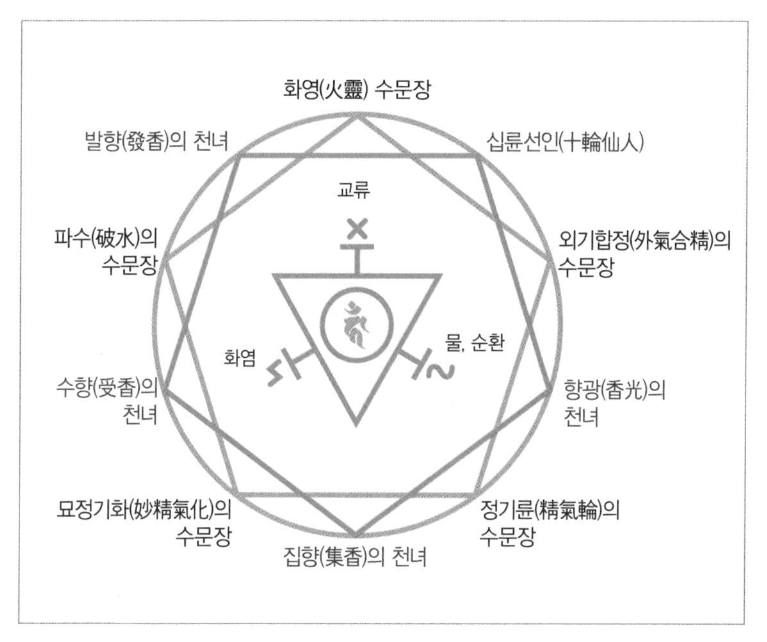

〈3번 차크라 모델링〉

1. 화영(火靈)의 수문장 – 육체의 불을 주관함
2. 파수(破水)의 수문장 – 물을 깨버리는 수문장(소화기, 음식을 직접 소화하는 수문장, 위와 장)
3. 정기화(妙精氣化)의 수문장 – 소화기에서 소화한 정 에너지를 기로 바꿈 (간과 신장)
4. 정기륜(精氣輪)의 수문장– 정과 기를 순환 시키는 수문장, 순환기, 기맥과 혈맥과 육체 심장을 지배함
5. 외기합정(外氣合精)의 수문장– 교류를 통해 얻은 기(氣)를 정으로

합정함, 성행위나 대화나 사회적 교류를 얻은 기를 육체기로 전환시킴

이 5륜 수문장을 생명의 오각형이라 한다.

역오각형은 다음과 같은 기능을 한다.

1. 발향(發香)의 천녀 – 자아를 냄새로 비유함, 자아를 드러냄
2. 수향(受香)의 천녀 – 당겨서 내 것으로 만듦, 자아를 유지하기 위해 가져옴, 대사의 천녀
3. 집향(集香)의 천녀 – 인지의 틀에 구조화, 향을 모아서 가진다는 의미. 유지의 천녀
4. 향광(香光)의 천녀 – 향을 빛으로 전환함, 자아를 영으로 전환함, 에고를 영적인 것으로 전환함.
5. 십륜선인(十輪仙人) – 육체와 자아의 조절자

이를 존재의 역오각형이라 한다. 자아와 관련이 있다.

1. 묘천녀(妙天女) – X자는 교류를 뜻한다.
2. 지화선인(地火仙人) – 번개 표시로 된 것은 강력한 화염을 뜻한다.
3. 감로정의 대혜선인(甘露精의 大慧仙人) – 물, 순환을 뜻함.

차크라 주재신은 부동명왕, 부동명왕의 종자는 '함'이다. 부동명왕은 일체의 업을 태우는 존이니, 소화계의 뜨거움을 의미하며, 태양신경총 마니퓨라의 주재신인 것이다. 인계는 부동근본인이다.

– 진언 : 나마 사만타 바즈라남 함

〈종자 함〉 〈부동근본인〉

■ 4번 차크라 – 아나하타 차크라

– 기능 : 정서적 교감의 자리, 근원적 사랑이 피어남

〈4번 차크라 모델링〉

6개의 꼭짓점은 플러스 에너지의 프로세스이다.

– 공명의 축은 공감을 할 수 있게 하는 축

– 공감을 하는 축

– 사랑을 받고자 하는 축 수애(受愛)의 축 (에고의 존립)

– 사랑을 베풀고자 하는 축 시애(施愛)의 축

– 정을 드러내는 축(감정을 배출하는 축)

– 정을 느끼고자 하는 축

공명– 공감– 사랑의 순서대로 밀도가 진해지면서 정(精)으로 넘어간다. 정은 비탄, 기쁨, 즐거움과 같은 밀도 짙은 것을 의미한다.

옆으로 누운 형태의 육각형 꼭짓점은 마이너스 음의 축이다. 수동적인 형태의 사랑의 모습이다.

• 공감희의 축 – 공감을 하는 것에 기뻐하는 축

• 수감희의 축– 공감을 받는 것에 기뻐하는 축

• 수애심의 축 – 사랑을 받고자 하는 축

• 시애희의 축 – 베푸는 것에 만족을 느끼는 축

• 촉애의 축 – 사랑에 닿는 것을 느끼고자 하는 축 (밀도가 짙은 감정을 느끼고자 하는 축)

• 공명모의 축 – 공명을 할 수 있는 어머니 자리, 즉 육체 기반의 통로, 냄새나 음성이나 분위기를 통해 공명을 할 수 있는 통로.

양의 축 6개를 애염육선인(愛染六仙人)

음의 축 6개를 애염육천녀(愛染六天女)라 한다.

각 축마다 2개씩의 촉수가 있다. 애(愛)와 혐(嫌).

24개의 애와 혐의 만다라- 12분의 애염육선인, 12분의 애염육천녀로 4번 차크라의 외륜이 구성되어 있다.

아래는 4번 가슴 차크라의 내륜이다.

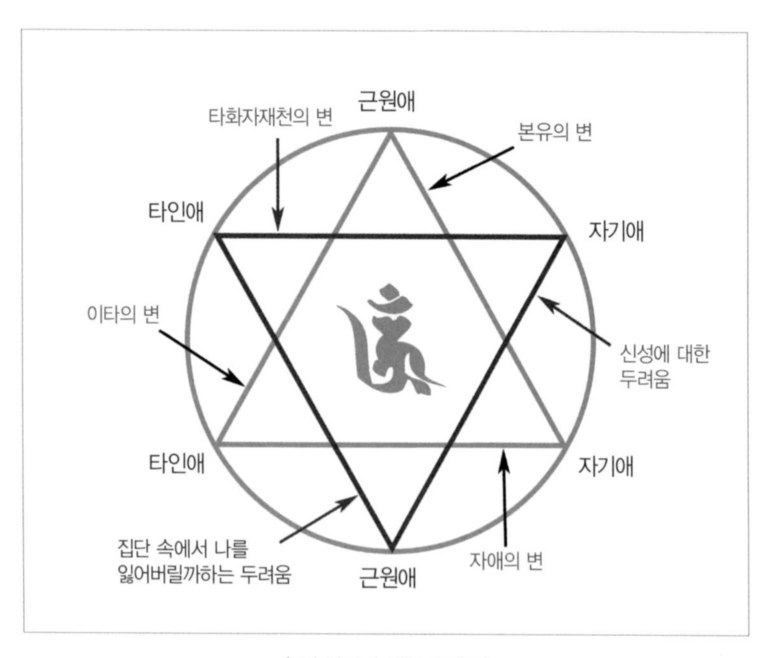

〈4번 차크라 내륜 모델링〉

본유의 정삼각형과 에고의 역삼각형의 구조이다.

정삼각형은 플러스 에너지이다.

자기애의 꼭짓점에서 타인애로 가는 변은 자애의 변. 자기를 사랑하기 위해 타인을 사랑함.

타인애의 꼭짓점에서 근원애로 가는 변은 이타의 변. 타인을 사랑하면서 근원을 보는 것.

근원애의 꼭짓점에서 자기애로 가는 변은 본유의 변. 근원의 사랑을 내 안에서 구현.

역삼각형은 마이너스 에너지이다.

자기애의 꼭짓점에서 타인애로 가는 변은 타인은 나를 위해서 존재한다. 타화자재천의 변.

타인애의 꼭짓점에서 근원애로 가는 변은 타인을 위해 근원을 존재케 한다. 사회구조의 변이다. 내가 집단 속에서 스스로를 잃어버리기 싫어 사회구조를 만드는 것인데, 근원을 사용하여 타인 속의 나를 존립시킨다.

근원애의 꼭짓점에서 자기애로 가는 변은 근원은 나를 위해 존재케 한다. 신성에 대한 두려움. 신성은 그 자체로 그냥 있음이나, 나를 대입하여 신성을 두려운 존재로 만들었음.

차크라 주재신은 애염명왕이다. 애염명왕은 인도 애욕의 신 카마(Kama)가 밀교적으로 수용되어 애욕이 정보리심(淨菩提心)의 경지로 승화된 존이다. 그래서 가슴 차크라 아하나타의 주재신인 것이다.

애염명왕의 종자는 '훔'이다.

– 진언 : 옴 마하라가 바즈로스니사 바즈라사트바 자 훔 밤 호

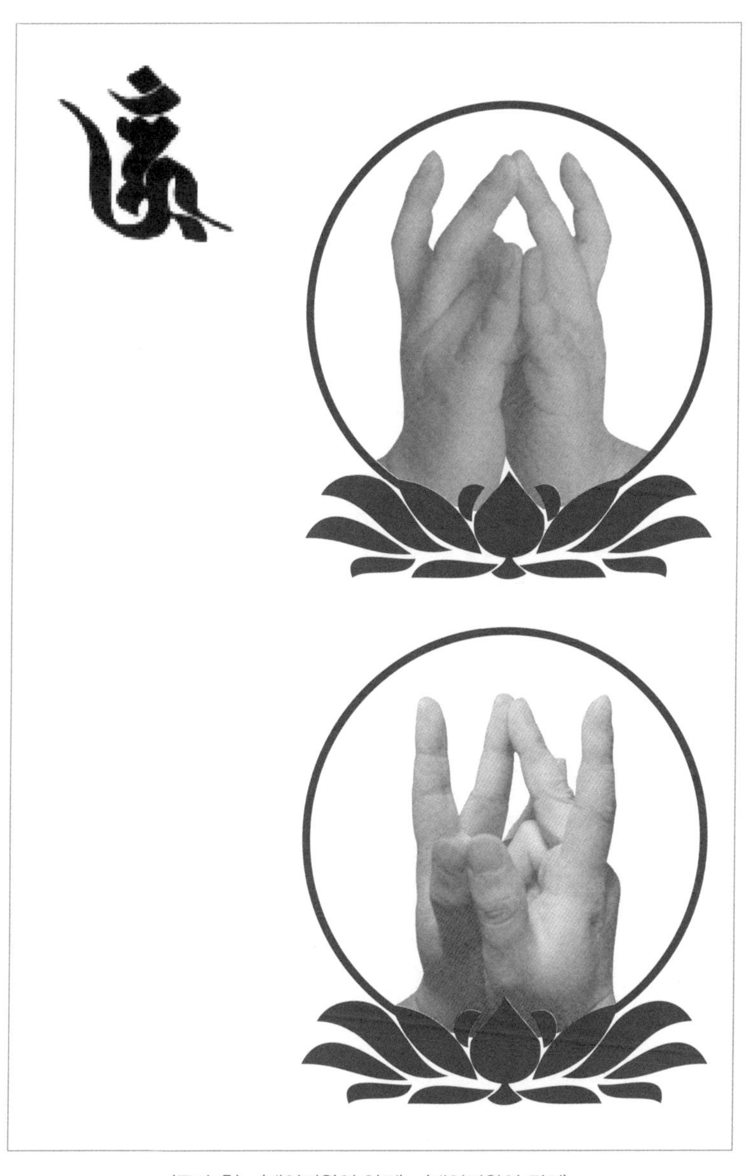

〈종자 훔〉 〈애염명왕인 앞면〉 〈애염명왕인 뒷면〉

■ 5번 차크라 – 비슈디 차크라

– 기능 : 표현력과 표현에 대한 욕구, 지성과 논리의 자리

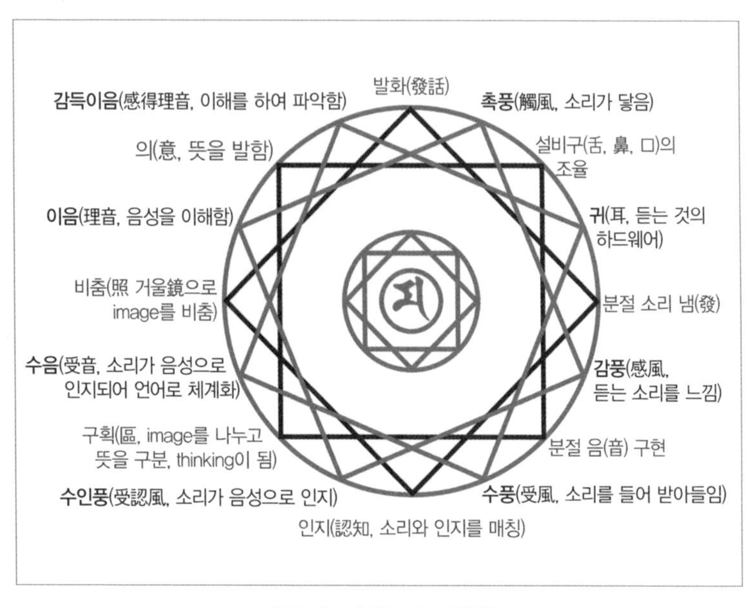

〈5번 비슈디 차크라 모델링〉

목차크라는 음성, 발화, 청음의 기능을 가진 외륜과 지성과 관련된 내륜으로 이루어져 있다.

원형 외부의 팔각형의 파란색 꼭짓점들은 발화(發話)의 프로세스를 뜻하며, 하늘색 꼭짓점들은 청음(聽音)의 프로세스이다.

뜻을 발하며(뜻 意), 마음에 이 뜻을 비추어(비출 照, 거울 鏡), 이 뜻을 의미를 구획하여 구분하여 Image가 Thinking이 되며, 이 것이 인지와 소리가 매칭되어, 분절음으로 전환되어, 분절음이 소리로 나온다. 이는 허파에서 나오는 바람(風)과 구음기관(혀, 비강, 입)과 조합된다.

이 파란색 프로세스는 8보살이며, 양 플러스 에너지의 모습이다. 하늘색 팔각형은 들어서 인지하는 프로세스이다.

촉풍(觸風, 소리가 닿으며), 귀에 의해 닿으며(하드웨어), 감풍(感風, 소리를 덩어리째 인지, 인지의 영역이 아님)이 되며, 수풍(受風, 소리를 받아들임, 언어로 받아들임), 수인풍(受認風, 소리를 인지하여 언어체계로 인지함), 수음(受音, 언어체계로 해석이 되기 시작함, 풍이 음으로 전환), 이음(理音, 이해의 세계로 들어옴), 감득이음(感得理音, 언어가 이해되며 이해가 지성이 된 단계) 된다.

이 하늘색 프로세스는 8유가녀이며, 음 마이너스 에너지의 모습이다.

각 꼭짓점마다 3개의 촉수가 있는데, 이는 과거, 현재, 미래의 삼세의 시간 촉수이다.

48륜 삼세촉수도 – 16륜 음율도 – 8륜 지성팔광도이다. 즉 언어는 시간과 구속되어 있으나 오히려 시간을 초월한 것을 의미한다.

아래는 목 차크라 내륜이다.

〈5번 목 차크라 내륜 모델링〉

1. (양) **탐지의 빛살** (지성의 관통력, 사물을 까발리는 빛살)

2. (음) **득지의 빛살** (까발려진 대상을 지성의 범주에 가져옴, 흡인력)

3. (양) **파훼득지의 빛살** (가져온 대상을 깨부수어 개별로 분석함)

4. (음) **이해수용의 빛살** (지식을 내재화함)

5. (양) **조립의 빛살** (지식을 내적으로 구조화함)

6. (음) **수용지의 빛살** (이해의 빛살)

7. (양) **순환지의 빛살** (언어의 빛살, 타인에게 정보를 전하거나, 타인이 남긴 정보를 언어로 받아들임)

8. (음) **순환득지의 빛살** (언어 이해의 빛살, 언어로써 타인의 정보를 지식으로 받아들임)

8개의 빛살이 목 차크라 내륜이다. 목 차크라의 주재신은 공작명왕이다. 공작명왕은 풍(風)의 요소를 지배하여 목 차크라의 주재신인 것이다. 목의 바람이 구음기관에 의해 조절되어 발음이 나오고, 듣는 기관인 귀에 의해 바람이 닿아 뇌에서 음성으로 인지되듯이, 바람을 매개로 공작명왕은 소리를 주관한다.

종자는 '마'이다.

– 진언 : 옴 마유라 크란데 스바하

〈종자 마〉〈공작명왕인〉

■ 6번 차크라 – 아즈나 차크라

〈6번 차크라 모델링〉

6번 차크라의 구조는 양옆에 두 개의 날개가 있는데, 그 안에 미시 차크라가 더 있다.

왼쪽은 일륜안, 태양의 기운, 플러스 에너지이며, 태장계 만다라를 상징한다.

오른쪽은 월륜안, 달의 기운, 마이너스 에너지이며, 금강계 만다라를 상징한다.

■ 일륜16선인

1. 명천자 (햇살이 닿아서 밝아짐)

2. 열뇌천자 (뜨거움)

3. 폭열천자 (생리적 뜨거움)

4. 희운일천자 (희끄무레한 햇빛, 해무리의 햇빛)

5. 암천자 (빛의 반대, 그림자)

6. 일광천자 (오전 11시의 빛, 백광 그리고 순수)

7. 일노선인 (오후 2시의 빛, 성숙)

8. 일휘광선천인 (빛살)

9. 숙일광녀 (나이를 먹게 하는 빛)

10. 사양일선 (저무는 햇빛)

11. **일명일암** (그늘)

12. **반일휘선** (호수에 비친 해)

13. **온열일선** (따뜻함)

14. **마리지광선** (투명한 빛살)

15. **공일도법천** (빛살은 없으나 있다.)

16. **일양천자** (기르는 양육의 빛)

■ 일륜16천녀

1. **명일도녀** (明日刀女) (재단하는 자)

2. **수광휘지녀** (빛을 되돌려 내적인 관찰)

3. **일풍지녀** (휩쓸어 보는 지혜)

4. **일상분별지녀** (드러내는 지혜, 분별지)

5. **폭렬파일지녀** (해를 부수는 천녀, 가를 수 없는 공지(空智)를 뜻함.)

6. **대보광일륜천녀** (빛이 닿는 것까지 모두 공덕장)

7. **일음천마녀** (해를 비춰도 마는 있음, 번뇌상존마)

8. **음허일공녀** (해의 공성)

9. **명일합녀** (만물은 빛에서는 모두 하나)

10. **휘일안녀** (輝日眼女, 빛살의 지혜로 보는 관찰지)

11. **수광일검녀** (빛을 되돌려 보아 내적인 마를 관통하는 지)

12. **탁일지녀** (해를 가려 차분하게 봄)

13. **일동천녀** (해의 움직임, 동남북서로 이동하는 지, 순관과 역관)

14. **일환화만천녀** (해를 중심으로 공전, 추분과 춘분. 심운영)

15. **일지천녀** (日止天女, 태양계의 주, 태양, 움직이지 않음)

16. **법일천녀** (대일의 지)

■ 월륜16선인

1. **백보선인** (흰빛)

2. **청량월선** (달의 시원함)

3. **청월선인** (차가운 달빛)

4. **월부선인** (달의 묵직함, 달의 도끼)

5. **회월선인** (잿빛의 달)

6. **탐식월선** (밝음이 잠식되는 변화)

7. **금륜월선** (금환일식의 힘)

8. **금월환녀** (금환일식)

9. **허공월선** (월식)

10. **환부선인** (달의 모양 변화)

11. **흑월선** (검은 달, 달의 뒷면)

12. **묵월보인** (검은 달에 비장된 보물)

13. **묵월일천** (개기일식)

14. **묵월휘선** (개기일식 주변의 코로나, 달과 태양의 합쳐진 빛)

15. **월검천인** (달의 예리함)

16. **흑월공허선인** (검은 달은 우주와 구분이 안 된다, 끝없는 어둠)

■ 월륜16천녀

1. **백광도녀** (白光圖女, 심폭도를 제공, 마음의 도화지)

2. **백휘일선** (달의 예리한 빛으로 내적 관찰)

3. **청정일섬도녀** (섬세함과 날카로움으로 내적 번뇌를 뚫는다)

4. **자월선녀** (자비)

5. **흑월선녀** (내적 무자비함)

6. **해월파산녀** (내적 분석력)

7. **월륜법보녀** (내적인 무량한 공덕)

8. **법천월선** (조각나지 않는 달빛, 공성)

9. **흑자월선녀** (무자비로 스스로를 보지만 자비로써 수렴)

10. **희운월천녀** (구름에 낀 달, 번뇌장을 희운으로 여김)

11. **법운월천녀** (비를 내리면서 월광을 동시에 내뿜음, 자비행과 수행심의 조화)

12. **교월천녀** (다리를 놓아 달로 간다, 도달할 수 없음이나 계속 가고자 함, 수행 의지)

13. **월부선녀** (내적 관조의 묵직함)

14. **미월광산녀** (희미한 빛, 번뇌장을 일으킴)

15. **본월미산녀** (공성에 연유한 번뇌장)

16. **경월해운녀** (거울에 비친 달, 바다에 비친 달, 내적 거울, 심경)

일륜16선인, 일륜16선녀가 각각 월륜안과 일륜안을 생성한다.
중앙의 영안은 0안, 공성의 안이다.
두 개의 날개 안에 있는 월륜, 일륜에 의해 표상되는 그 무엇.

금강계와 태장계의 결합의 자리이다. 참고로 왼쪽의 일륜안은 '아'자 태장계 만다라를 뜻하고, 오른쪽의 월륜안은 '훔' 자 금강계 만다라를 뜻한다.

차크라 주재신은 양두애염이다. 부동명왕과 애염명왕의 머리를 가진 존이다. 태장계 만다라와 금강계 만다라를 상징하는 두 존이 합체한 존이다. 이지합덕(理智合德)의 자리인 것이다.

– 진언 : 옴 아비라훔캄 바즈라다투밤

〈종자 옴〉〈지권인〉

■ 7번 차크라 – 사하스라라 차크라

– 기능 : 영성, 6개의 하위 차크라가 활성화 될 때 자연스럽게 피어나는 연꽃

천개의 꽃잎을 지닌 연꽃으로 형상화된다는 사하스라라 차크라는 두정부 중앙, 백회 부근에 있다고 한다. 하위 차크라들이 온전히 작용할 때 자연스럽게 피어나는 영성의 차크라라고 한다.

형태와 기능을 떠난 자리라 형태를 앞서 차크라를 모델화하듯이 형상화할 수는 없다. 7번 차크라의 색은 잠재되어 있는 빛과 영과 육이라는 개별적 존재로서 영향을 미치는 활동성의 빛 이렇게 두 가지로 구분되어 있다.

7번 차크라의 색은 침묵이며, 색은 검정색이나 이는 현묘한 어둠, 절대적 침묵이며 차크라의 활동성이 곧 침묵을 배경으로 한다는 뜻이다.

인지의 범주로 들어올 때는 맑은 백광에 해당된다. 흰색의 광휘라기보다는 투명한 빛에 해당된다.

진언 : 아우움

옴을 길게 발음한다. 암 – '아' '우' 'ㅁ' 발음이 합쳐져서 암이나 실제로는 아우움을 축약해서 길게 발음한다.

〈종자 암〉 〈선정인〉

03

차크라 명상 실전체계 – 1
– 구회만다라 차크라 명상법

차크라 명상은 인계로 하는 방법으로 빠르게 하는 버전과 좌정하여 정식으로 하는 버전이 있다.

첫 번째 인계로 하는 명상은 구회차크라 명상이다. 구회만다라의 법으로 하는 명상 구회 차크라 명상은 9개의 인계를 순차적으로 하면서 몸의 척추 라인의 차크라들을 관하는 것이다. 아래 '싯디'라고 언급되는 진언들이 있는데, 이는 명왕님들의 힘을 압축시킨 특수한 진언들이며 불경에는 나와 있지 않다. 명호나 종자가 있는 발공진언이라 보면 되겠다.

구회만다라는 원래 인계 자체가 인체의 9부에 맞게 체계화된 요가의 행법(무드라mudra)이다. 생체 에너지가 1번 차크라에서 시작되어 2번 차크라에서 변형되고, 3번 차크라에서 생명과 자아의 분화가 시작되어 인계가 2종으로 배속된다. 4번 차크라에서는 심리의 두 측면 애정을 줌과 받음의 심리로 나누어져서 인계가 외박인(바깥에서 감싸 안음), 내박인(안으로 머뭄)의 2종으로 배속된다.

5번 차크라부터는 순수 정신의 영역으로 인계는 1개이며, 육체와 정신의 이지합덕(理智合德)의 세계이다. 이지합덕을 상징하는 지권인 1개이다.

6번 차크라는 태양과 달 사이에 있는 미간 중앙에 있는데 일륜의 햇살과 달빛의 광휘가 합쳐진 공성의 빛(초일월광, 超日月光)을 상징하는 일륜인(양 손의 엄지와 검지를 맞대어 남은 손가락이 빛살처럼 보여지는 인계)이 상징 인계이다. 왼손 정중앙에는 일륜안, 오른손 정중앙에는 월륜안이 새겨지고 정중앙은 공성의 눈이다.

7번 차크라는 은형보병인을 맺으면서 오른손 주먹을 왼손 손바닥에 놓을 때 정수리부터 회음까지 일직선의 라인이 정립됨을 관하면서 손을 놓는다. 아래의 주문은 싯디라는 것으로 각 제존의 진언을 압축하여 만든 것이다.

- 1번 차크라 '임'자를 맺을 때 1번 차크라에 빨간색 종자 '가'가 보이고 종자 '가'에서 빨간색 불길이 사각형을 만든다.

  – 옴 싯디 가 훔 스바하

- 2번 차크라 '병'자를 맺을 때에 2번 차크라에 주황색 종자 '흐릭'이 보이고 종자 '흐릭'에서 주황색 불길이 육각형을 만든다.

  – 옴 싯디 아므르타 훔 스바하

- 3번 차크라 '투'자를 맺을 때 3번 차크라에 노란색 종자 '함'이 보이고 노란색 불길이 오각형을 만든다.

  – 옴 싯디 아차라나타 훔 스바하

- 3번 차크라 '자'자를 맺을 때 종자 '함'에서 초록색 불길이 역오각형을 만든다.

  – 옴 싯디 아차라나타 훔 스바하

- 4번 차크라 '개'자를 맺을 때 초록색 종자 '훔'에서 초록색 불길이 일어나 육각형을 만든다.

  – 옴 싯디 라가라자 훔 스바하

- 4번 차크라 '진'자를 맺을 때 종자 '훔'에서 파란색 불길이 옆으로 누운 육각형을 만든다.

  – 옴 싯디 라가라자 훔 스바하

- 5번 차크라 '열'자를 맺을 때 하늘색 종자 '마'가 보이고 하늘색 불길이 일어나 팔각형을 만든다. 또한 파란색 불길이 일어나 하늘색 팔각형과 살짝 틀어져 16각형이 만들어진다.

  – 옴 싯디 마하마유리 훔 스바하

• 6번 차크라 '재'자를 맺을 때 왼눈에는 금색의 종자 '아'가 새겨지고, 오른눈에는 은색의 종자 '훔'이 새겨진 후 중앙에는 공성의 글자 '옴'이 투명한 빛으로 빛난다.

– 옴 싯디 바즈라다투밤 훔 스바하

• 7번 차크라 '전'자를 맺을 때 일직선으로 라인이 정립됨을 관한다. 깊은 어둠 고요함을 상징하는 청명한 어둠 속에 있음을 관한다.

– 옴 싯디 아라파차나 훔 스바하

04

차크라 명상 실전체계 – 2
– 차크라 명상법

두 번째 좌정하여 정식으로 하는 차크라 명상법은 진언을 외우고 종자에서 빛이 나와 각 차크라의 모습을 관하는 명상이다. 명상하는 방식이라서 선언과 물음을 같이 한다.

– 옴 싯디 가 훔 스바하

1번 차크라의 위치를 관하면서 종자 가가 1번 차크라 위치에 있음을 관하고 붉은색 화염으로 이글거리는지를 생각한다. 이때 색은 진한 붉은색.
붉은색 사각형 안의 종자 '가'

⊙ 나의 존재는 리얼리티에 근거해 있다.

⊙ 물음 : 나는 실재(實在)하는가?

– 옴 싯디 아므르타 훔 스바하

2번 차크라의 위치를 관하면서 주황색 흐릭자가 있음을 관하고, 생명과 본능이 결합된 주황색 화염으로 이글거리는 흐릭을 관한다. 자아가 있는 불길. 육각형 안의 종자 '훔'이 있다.

⊙ 나의 존재는 리얼리티에 반응하는 존재이다.

⊙ 물음 : 나는 안존(安存)하는가?

– 옴 싯디 아차라나타 훔 스바하

3번 차크라의 위치를 관하면서 노란색 함자가 있음을 관하고, 태양과 같은 열기로 이글거리는 함자를 관한다. 생명의 불길 함이다. 함자에서 빛과 불길이 나오면서 십각형을 이룬다.

⊙ 나는 이어져 있는 모든 나로서 자존한다.

⊙ 물음 : 나는 자존(自存)하는가?

– 옴 싯디 라가라자 훔 스바하

4번 차크라의 위치 가슴 중앙을 관하면서 초록색 훔자가 있음을 관하고, 훔에서 풍요로운 빛살이 뻗쳐 12각형을 이룸을 관한다. 안식과 평화가 깃든 12망성의 빛이다.

⊙ 나는 기대어 평화를 얻고 누군가에게 의지처가 된다.

⊙ 물음 : 나는 나의 어깨를 내어주기도 하고 누군가에게 기대고 싶다. 그러한가?

– 옴 싯디 마하마유리 훔 스바하

---

5 번 차크라의 위치 목을 관하면서 푸른색 마자가 있음을 관하고, 마자에서 시원한 빛이 뻗쳐 16각형을 이룸을 관한다. 지성의 빛살로 시원함, 청량함, 모든 것의 의문이 해소되는 빛이다.

⊙ 나는 드러내어 얻는다. 말하여 듣는다.

⊙ 물음 : 나는 구현자인가?

– 옴 싯디 바즈라다투밤 훔 스바하

6번 차크라의 위치 미간을 관하면서 왼눈에 태양, 오른눈에 달이 있고 중앙 미간에 공성의 빛이 있음을 관한다. 이원성의 종식.

⊙ **나는 둘로 나누어 하나로 보고**(상이 맺힘), **하나를 보고 둘의 상대개념으로 생각한다.** (맺힌 상으로 이원론에 빠짐)

⊙ **물음 : 나는 하나를 둘로 보고 있는가?**

7번 차크라 정수리를 관하면서 회음까지 전체적으로 관한다. 청명한 어둠, 맑고도 깊은 현묘한 어둠 속에 침묵으로 존재한다.

⊙ **나는 나로다**

⊙ **물음 : 나는 과연 무엇일까?**

마무리의 말

이집트 마법, 카발라 수행, 차크라 수행에 대해서 언급해보았다. 이집트 마법은 비전의 체계로 알려져 있으나, 그 신들이 어디에서 유래한 것인지에 대한 고찰이 누락되어 있었다. 지금까지 인류 집단의 무의식에 믿음 체계가 있었고, 집단 무의식의 기억을 끄집어내어 마법적 힘의 원천으로 삼았다. 하지만 이제는 좀 더 정교하게 유래한 곳이 어디인지 살펴보고, 힘의 원천을 찾아 정보체 원본을 봉안하고 원본에서 나오는 마법적 힘을 쓸 때가 된 것이다.

카발라 수행 역시 지식이자 공부의 체계로 접해왔을 뿐 수행의 체계를 어떻게 해야 하는지 알려지지 않았다. 이 책을 통해 이론서를 어떻게 수행 작법으로 구현해냈고, 사도신경에서 카발라적 의미를 찾아내어 권능부여의 선언문으로 활용해낸 사고 패턴을 알게 된다면 의식의 무한한 확장이 가능하다 할 것이다. 또한 이 책은 천사들의 모습을 핵심적으로 정리해서 수록했기 때문에 카발라 권능을 쉽게 쓸 수 있게 하였다.

차크라 수행 또한 차크라가 에너지와 극미세한 심(心)의 교차점에서 실재한 기관이자, 비실재하는 공성의 것이라는 것을 이해하게 될 것이다.

이러한 관점에서 차크라 수행을 하게 된다면 본인들의 수행 역량이 비약적으로 올라가게 될 것이다.

다시 한번 언급하지만, 이 책에서 다루는 수행들은 대부분이 혼자서 수행할 수 없고, 권한자에게 전수 받아야 쓸 수 있는 체계로 되어 있다. 그러나 읽어보시는 독자들께서는 이 책이 매우 정교하게 설계된 작법으로 구성되어 있고 완전히 새로운 내용으로 차 있는 것을 알 것이다. 즉 저자의 사고 패턴을 따라가면서 읽다 보면 의식의 확장이 이루어질 것으로 본다.

이 책이 고래(古來)의 모든 신들과 연이 닿게 하는 인연자로서의 역할을 하였으면 한다.